U0545048

凝煉知識品味閱讀

凝煉知識品味閱讀

薇薇老師國學課

詩人天團，成語直播

李薇薇——著

五南圖書出版公司 印行

自序

「薇薇老師國學課」系列的四本書中，原本有一本是想介紹「各行各業的祖師爺」的，花了很長的時間蒐集資料，卻總覺得難以下筆。好不容易想出自己也覺得有趣的架構，寫出了大綱，我最重要的夥伴蘇主任，聽我「提案」後卻提醒我：「你最應該寫的是家長和小孩在學習國文這科『需要』的。」

一語驚醒夢中人。所以我放棄了原本所有的構想，打掉重來。

二十多年來，一路手把手，將學生從小學帶到高中升大學的經驗，我深知在中學的國文科考試中，成語和詩詞往往是臺灣學生的「痛點」，因為網路世代，從小接觸得少。例如文意測驗，明明題幹都看得懂，但是選項裡都是成語的時候，學生就會選不出來。文言文可能靠著多讀、多寫題目，可以慢慢學會古人論述的邏輯，但一遇到思路跳躍、講究意象的詩賦詞曲，學生就會一頭霧水。

可是寫成語的書那麼多、寫詩歌的書也不少，我還能寫什麼來回應需求？這時我想起了一件掛在心上的事，就是我的學姐，同時也是學生家長，曾經在臉書上發問：「有沒有什麼給小孩看的中國文學史？」

所以，我給自己出了一個很大的難題，我決定要寫一本既談古典詩歌，又談成語，而且是「小孩看得懂」的簡易中國韻文史。

開始搜尋資料、選擇題材後，我就知道為什麼以前沒有人這樣做了。

每個時期的詩歌，文本與評論、考證，資料之龐雜，不在話下。尤其唐朝以前的詩歌，要挑選適合小孩看的題材、要有故事性、要選出符合其書其人特色的代表作、要轉譯成最簡單易懂的語言，還要帶點趣味，真是難煞我也。

好不容易試寫了第一篇，還寫了兩種版本，得意洋洋的傳給編輯文瓊姐看，文瓊姐的回饋很有建設性，但我卻陷入苦思。停工了好一陣子，又試寫了至少四個版本，最後花了好幾個月才確認了每篇的架構，以及全書的大綱。

而且，回想起來，從《詩經》寫起，是導致寫作不順的選擇。三百多首，先捨棄沒有成語的，再刪除成語太艱澀的，有故事可說的才留下，接著就發現，怎麼沒幾首可選了？把有機會寫成篇的，可能的詮釋都讀一讀，偏偏《詩經》年代最早、研究最多，同一首詩至少有三種以上的解釋，如果沒有確認自己最信服的詮釋方式，我完全無法下筆。

好不容易寫完《詩經》的三篇，又耗掉好幾個月。接著的《楚辭》、漢賦詞語生僻，意象繁雜，還引用很多典故，要選哪一篇？要擷取哪一段？要怎麼解釋才能讓小孩看得懂呢？

幸好接下來的樂府，很多篇章有故事可講，但以抒情為主，又作者不明的「古詩十九首」要講什麼故事？哪一個成語最能表現「古詩十九首」的精神？古詩十九首以外的作者要選誰，才是文學史上的代表人物？

唐詩那麼多詩人、作品可說，誰才最具代表性？哪個成語，才能帶出更多該名作家的特色？那麼多高手介紹過唐詩，我要選擇比較少人提及的？還是選擇對學生有難度，但是我覺得重要的？

宋詞，我以為我很熟，沒想到光是一句很簡單的「春花秋月何時了？往事知多少？」就讓我頭痛。翻閱了無數相關作品，發現大部分作者，都很快的跳過大家耳熟能詳的這兩句，沒有仔細解釋。我認真想了好幾天，才確定怎麼翻譯是可以說服自己的。

更別說元曲，本來覺得這是最有故事性的作品，介紹起來應該最得心應手，但是一引用原文時，查資料後，驚覺有各種不同版本的襯字，到底要用哪個版本才是正確的？後來，我研究了一陣子「曲牌」，還看了好幾本論文，才發現我們從小接觸到的「曲學」根本只是皮毛，好想乘著時光機回到大學時代，認真向吾師曾永義教授請益……

這本書的寫作過程像生孩子一樣，簡直難產，非常痛苦，但是卻讓我重新審視了自己的所學，也喚醒我熱愛文學的靈魂。好像重回大學、研究所時期，感受到理性研究文學、在字裡行間推敲文意的樂趣。

在這本書快截稿之前，我進入閉關階段，從小撫養我長大的姑婆，失智的狀況卻越來越嚴重，甚至離家出走，我成天憂心忡忡，截稿日期因而一延再延。大學同學又傳來，我們最敬愛的「文學概論課」老師方瑜教授過世的消息，告別式那天，我未能出席，只能在心裡和老師默默道別、道謝。

看到方瑜老師的千金李衣雲教授，在臉書上記下一則往事，她回憶方瑜老師在病中，還會對護理師點評詩人、背出詩來，她寫母親：「在她看似混沌的意識中，仍然有一小塊地方充滿著詩情畫意。」讀完，我不禁慟哭。

我的姑婆在肺腺癌末期加上失智的情況下，常常懷疑至親盜竊，而且反覆向其他親族傾訴，說得真切，她自己也深信，所以每天都過得很痛苦。癌細胞沒有擊敗她，失智帶來的疑懼不安，卻吞噬她原本可以快樂平和的最後時日。

我一邊苦思著手上的書，一邊含淚感慨著：一個人，一輩子可以留下什麼呢？一個人，在難以控制心智時，內心深處又能留下什麼呢？

這系列的作品，是我希望有天離開講臺後，仍然能夠留給孩子們的。尤其這本書談「詩」。詩歌是我接觸文學的起點，也是每當我的生活日漸蒼白時，救贖我的動力。它引領我連結起不同的時空與靈魂，或哭或笑，讓我心湧現熱情。

因此，我將深切的期盼寄予這本書中，希望每位讀者和我自己，即使終有一天，世事紛擾、意識混沌，我們的心中都能留下一小塊地方，有詩，有愛，有光。

薇薇自序於 2024.11.27

——謹以此書，感謝我的文學啟蒙老師陳美蘭，
和臺大中文系以詩學滋養我的鄭毓瑜老師，
已故的柯慶明老師、方瑜老師、葉嘉瑩前輩——

目次

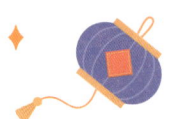

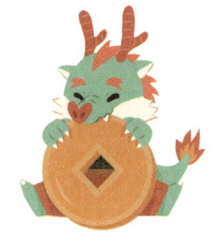

唐詩　時代無法淘汰我霸氣的皇朝

宋詞　有沒有那麼一首歌，會讓你心裡記著我

元曲　都是有故事的人，才聽懂心裡的歌

小學霸國學測驗題（含答案及解析）

詩經：
半夜睡不著覺，把心情哼成歌

★ 國學有嘻哈 ★

悠悠詩經，春秋源起。
北方百姓，表達情意。
一句四言，疊字開啓。
詩歌總集，韻文第一。

★《詩經》的自我介紹 ★

我的本名叫做《詩》，因為總共有 305 首詩，
又被叫做《詩三百》、《三百篇》。
春秋時代，我在北方的黃河流域誕生，
老百姓有感而發，就創作了我。

我特別好認，大都是四字一句，疊字開頭，
而且「副歌」很重要，所以要唱三遍！
我是中國第一本詩歌總集、第一本韻文、第一本純文學，
還是整個中國文學的老祖宗。
因為太經典了，所以後來被改稱為《詩經》。

窈窕淑女，君子好逑：
古代也有「CP」組合？

跟著詩歌學成語

《詩經・關雎》

關關雎鳩（一種鳥類），在河之洲。
窈窕淑女，君子好逑（伴侶）。
參差荇菜，左右流之。
窈窕淑女，寤寐求之。
求之不得，寤寐思服（想念）。
悠哉悠哉，輾轉反側。
參差荇菜，左右采（同「採」）之。
窈窕淑女，琴瑟友之。
參差荇菜，左右芼（摘取）之。
窈窕淑女，鐘鼓樂之。

1. 窈窕淑女：端莊文靜、體態美好又有品德的女子。
2. 寤寐求之：睡夢中都在尋找、追求。等於「夢寐以求」。

3 求之不得：追求卻無法得到。後用以表示極願意得到。

4 輾轉反側：形容因心事而翻來翻去睡不著覺。

5 琴瑟友之：祝賀男女結婚，也可用「琴瑟和鳴」。

6 鐘鼓樂之：形容新人的結合是眾所矚目、祝福的。

直播室，講故事

戲劇或小說中成雙成對的角色，現代流行叫「CP」，是英文「Couple」（配對）的縮寫，例如童話中的王子與公主、美女與野獸等。

其實，中國詩歌史上早就出現了「CP 組合」，而且整段戀愛史攤在陽光下，冒著「粉紅泡泡」，讓人「嗑」到忍不住「姨母笑」！

《詩經》中的第一首詩〈關雎〉，描寫出詩歌史上最早的「CP」：男主角是一名以「琴藝」表達「情意」的正人君子，而他的「夢中情人」則是顏值與氣質兼具的窈窕淑女。

君子與淑女，天生一對，根本絕配。整首詩，簡直就是男主角的「完全脫單手冊」，娓娓道來他如何追求到心儀的對象。

我，是風靡萬千少女，玉樹臨風的美男子，某天在河邊散步，本來正沉浸在美景之中，耳邊傳來魚鷹「關關、關關」的叫聲。

魚鷹，又叫作雎鳩，雖然比老鷹「高大威猛」，但牠們爲了得到心上「鳥」的喜愛，卻會溫柔的歌唱，甚至化身「舞王」。更難得的是，魚鷹一生只愛一個，不會「花心」成爲「渣鳥」。

牠們的愛情，令人羨慕，多希望我也能有墜入愛河的一天。

寧靜中，「關關！」魚鷹的鳴聲清脆，河面上的荇菜開滿了鮮豔的金黃花朵。一葉扁舟順流而下，水聲嘩嘩，劃破了這份寧靜，吸引了我的目光。

船上有一抹倩影，低頭在採摘荇菜。當她抬起頭來的那一剎那，我的心跳快到像超速，「撲通撲通撲通……」

這純天然無濾鏡的百分百女孩，實在是「人間理想」啊！

可是……如果我主動去搭訕，她會不會以爲我是怪叔叔呢？

當我還在糾結時，就錯過了這位「窈窕淑女」。

回家後，我後悔不已，夜夜都失眠，翻來覆去，滿腦子只想著那女孩。最後，我決定要去同一個地方等她。

如我所料，女孩再次出現了！爲了吸引她，我特地帶了自己擅長的古琴來彈奏。女孩果眞好奇的抬起頭來聆聽。

日復一日，我都來河邊，以「彈琴」代替「談情」。琴聲悠悠，情意綿綿。每天都來採摘荇菜的女孩，想必能明瞭這是我的告白和追求吧？終於，有一天，她抬起頭，微微的對我笑了笑，點點頭。

我知道，這是她的回應。

於是我便稟告父母，請來媒人正式詢問女孩的身分，最後鄭重的以迎親隊伍，娶她過門。我們「有情人終成眷屬」，從此過著和魚鷹一樣幸福美滿的生活。

詩中的男主角雖然對女子一見鍾情，卻選擇遠遠的欣賞她。即使懊悔、思念、輾轉難眠，但他還是沒有魯莽的直接表白，反而先表現才藝與誠意，吸引對方注意，循序漸進的認識對方，再依照傳統禮儀求婚、結婚。這正是古人心目中的「正人君子」，能夠做到「發乎情，止乎禮」。

而女主角面對時常在周圍出現的男子，即使感受到對方的心意，她也只是默默的完成自己的工作。這樣的溫柔含蓄，恰恰是古人心目中的「窈窕淑女」。

這對詩歌史上的絕佳「CP」，靠著心靈交流，成就了美好的緣分，可說是天作之合，也就是〈關雎〉這首詩的名句：「窈窕淑女，君子好逑。」

後人便用「詩詠好逑」或「詩詠關雎」來祝賀新人結婚，願他們的愛有如浪漫詩歌，將心動的剎那，化作永恆。

有笑國文課

師：「君子好逑」的「好」要唸三聲，不是四聲，「逑」指伴侶，不是追求。所以「窈窕淑女，君子好逑」的意思是：那美好的女子，是男子的理想伴侶。比方說，你們的媽媽就是爸爸的……

生：「觸身逑（球）」！因為我媽會K我爸！

師：我怕你也要被K了！

執子之手，與子偕老：
古人想牽手到老的不是老婆？

跟著詩歌學成語

《詩經・擊鼓》

擊鼓其鏜ㄊㄤ（狀鼓聲），踴ㄩㄥˇ躍ㄩㄝˋ（鼓舞）用兵。

土國城漕ㄘㄠˊ（衛國城市），我獨南行。

從孫子仲，平陳與宋。

不我以歸，憂心有忡ㄔㄨㄥ（憂慮）。

爰ㄩㄢˊ（哪裡）居爰處，爰喪其馬。

于ㄩˊ以求之，于林之下。

死生契闊，與子成說ㄕㄨㄛ（誓言）。

執子之手，與子偕ㄒㄧㄝˊ（一起）老。

于ㄒㄩ嗟ㄐㄧㄝ（嘆息）闊（離）兮，不我活兮。

于嗟洵ㄒㄩㄣˊ（遠）兮，不我信兮。

1. 死生契闊：指生死離合。契，相合；闊，離別。
2. 與子偕老：與你共同生活到老。今多用於夫妻之間。

直播室，講故事

「執子之手，與子偕老」，往往是戀人間的終身承諾：「我要牽你的手，直到生命盡頭。」就像閩南語裡，丈夫稱妻子為「牽手」，具有相互扶持、並肩同行的親密感。

但大多學者卻認為，這句名言最早的意思，並不是要和老婆「牽手到老」。而是軍隊中的戰友，在生死關頭，互相激勵的熱血場景。有點類似：「我們要手牽手，一起活著回家！」

為什麼會有這兩種截然不同的解釋？

相傳〈擊鼓〉這首詩的背景和春秋時代的「清丘之盟」有關。

春秋時代，楚國一度成為老大。晉、宋、衛、曹四國感受到危機，決定組成「『抗楚』者聯盟」，各國代表在清丘這個地方集合，約定：「朋友一生一起走，不怕楚國來進攻！」

同年，宋國討伐陳國，因為陳國站在楚國那邊，敵人的朋友也是敵人。沒想到「友誼的小船說翻就翻」，衛國竟然違背了「清丘之盟」，不但沒幫宋國，反倒對陳國伸出援手。

隔年，晉國為了懲罰「背叛者」，就出兵攻打衛國。對衛國的無辜百姓而言，可說是「一波未平，一波又起」。

〈擊鼓〉這首詩，就是衛國士兵的心聲……

「咚咚咚！」戰鼓響徹雲霄，將士個個勤奮練兵，我的思緒卻飄到遠方……

亂世之中，每個人都過得很艱難。我的親人好友留在漕城裡修路築牆。唯獨我，被選爲軍隊裡的一員，不只要面對操練的疲累，還有死亡的威脅。

當初，我們跟隨孫子仲將軍到南方，調停陳、宋之戰，有家歸不得。我們這種小老百姓，每天都要提心吊膽，就怕哪一天再也回不去了。

今天要行軍到哪裡？又要在哪裡駐兵？這樣的生活到底什麼時候才能結束呢？我憂心忡忡，心事重重。

心神不寧的我，在駐紮時，沒把馬繫牢，我的馬竟然跑了！我到處尋找，找了很久，最後才在樹林深處找到牠。

是連馬也想家了嗎？還是牠像我一樣，也想從這樣的困境中逃脫？馬可以逃跑，說不定我……

這時候，我猛然想起了對你的承諾，我曾經在生死離別之際，含著淚，緊握著你的手對你說：「我們要永遠相伴，一起老去！」

唉！只怕永遠太遙遠，我們可能沒有活著相會的那一天，我再也無法實現這個誓約。

這首詩，是大時代中的小士兵，滿腹牢騷的「腦內小劇場」：他們想家，他們怕死，他們也有牽掛的人，也有脆弱的時刻。

這樣的心聲，可能會被貼上「不愛國」的標籤，但卻真實的表達出戰爭時，平民百姓心中「不能說的祕密」。

而「執子之手，與子偕老」在詩裡，是一段回憶中的深情誓言，也是亂世中難得的堅定。這裡的「子」，解釋作「你」，是詩人在對回憶中的人說話。但這個「你」是誰呢？因為沒有直接說明，導致後世有兩種主要的解讀。

某些學者認為整首詩的情境是戰爭，所以在無法忍受軍旅生活，很想逃兵時，同袍間曾說過要「一起撐下去」的約定，會令人感到掙扎；也有人認為詩中流露的是思鄉之情，所以回想起的是離家出征前，與妻子的山盟海誓。

漢朝董仲舒曾說過：「詩無達詁。」意思是：《詩經》沒有確切的、一成不變的解釋，會因人而異。所以兩種解釋都說得通，而且都不影響這詩句動人的畫面感。

但無論是在戰場上的「隊友」，還是在婚姻中的「隊友」，詩人會在徬徨時心心念念的，想必是個「神隊友」，是生命中最黑暗的時刻，唯一的光。任誰聽到「執子之手，與子偕老」這樣的告白，大概都要感動千百年吧！

有笑國文課

師：古代最浪漫的誓言叫做「執子之手，與子偕老」，意思是：我要牽你的手，和你一起老去。後來有一首類似的流行歌，是這樣唱的：「我能想到最浪漫的事，就是和你一起慢慢變老。」

生：一起「賣賣電腦」？

師：……

MEMO

鳩占鵲巢：

這個成語竟然是用來形容女性婚後住夫家？

跟著詩歌學成語

《詩經．鵲巢》

維（發語詞）鵲ㄑㄩㄝˋ有巢，維鳩ㄐㄧㄡ居之。

之子于歸，百兩（同「輛」）御ㄩˋ（迎接）之。

維鵲有巢，維鳩方（同住）之。

之子于歸，百兩將（送）之。

維鵲有巢，維鳩盈（滿）之。

之子于歸，百兩成（禮成）之。

1. 鳩占鵲巢：鳩不自築巢而強居鵲巢。後多用來比喻坐享其成。也作「鳩居鵲巢」、「鵲巢鳩占」。
2. 之子于歸：用於祝賀女子出嫁的賀辭。之子指那名女子，于歸指出嫁。

直播室，講故事

「鳩占鵲巢」，可以描述具體的空間被占用，比方說：「我才剛起身，你就鳩占鵲巢，坐到我的位置上。」

也可以用來指責霸占他人成果、地位的行為，例如：「整個過程，他都沒有參與，最後卻鳩占鵲巢，把功勞占為己有。」

總之，現代在用「鳩占鵲巢」這個成語的時候，沒一句好話。但它最早出現在《詩經》〈鵲巢〉篇中，卻不是拿來罵人的，而是以一場盛大的婚禮為背景，描述女子出嫁後住進夫家的傳統。

「來了！來了！大家快看！」街道上鑼鼓喧天，人聲鼎沸，因爲王公貴族要舉辦「世紀婚禮」，長長的迎親隊伍像是看不見盡頭，足足有一百輛馬車，這壯觀的畫面，引得鄉民爭相拿板凳來坐著看熱鬧。

就像喜鵲築好了巢，而鳲ㄕ鳩把它當作自己的家一樣。那女孩，今天的新娘，也將要迎來自己的歸宿。她未來的丈夫，準備好了「愛巢」，要讓新婚妻子知道：「全家就是你家。」因爲女子要在婚後住進夫家，和夫家的人成爲一家人。

路的另一頭，遠遠可以看見，新娘的家人，也準備了百輛馬車送女孩前往男方家。浩浩蕩蕩的送親隊伍，看起來來頭不小，好像要和男方的迎親車隊較量一番。可見男女雙方的家族都是「豪門」，門當戶對。

新娘的陪嫁眾多，新郎的家業興旺，所有人齊聚一堂祝福兩人：「子孫滿堂，幸福美滿！」這場婚禮就宣告：「禮成！」

「鳩占鵲巢」中的「鵲」是喜鵲，牠們是「築巢高手」，或許古人是觀察到這個特點，才會在詩裡用喜鵲築巢，比喻夫君為新婚妻子準備居所的風俗。

但原詩中，並沒有用到「占」這樣強烈的負面字眼，而是用「居」，一個比較中性的字。

描述婚嫁習俗的「鳩『居』鵲巢」，為什麼後來會變成批評他人霸占行為的「鳩『占』鵲巢」？難道是「親家」變「仇家」？

首先，古代有個「賦詩言志」的傳統，就是誦讀一首詩來表達感受，或代替不好直接說出口的想法，最常在外交場合中使用。有點像是吳宗憲在主持節目時，動不動就在談話中唱個幾句歌詞，來表達他突如其來的聯想。

而當時古人所「賦」的詩通常來自《詩經》，並且大多斷章取義，用某首詩、某幾句來表達內心話，是否符合原意並不重要。

例如《左傳》中曾記載，春秋時代，叔孫豹拜訪鄭國，就對趙武唸了〈鵲巢〉這首詩，有人認為叔孫豹暗諷趙武治理鄭國，是「鳩居鵲巢」，有人認為叔孫豹是客氣的自謙說來到趙武的地盤上，算是「鳩居鵲巢」。但無論是哪種意義，可知當時的人運用這首詩的情境，就已經和婚嫁完全無關。

此外，動物研究指出：「鳩」應該是鳲鳩，也就是杜鵑鳥。杜鵑平常並不築巢，而是會「耍流氓」，把自己的蛋下到弱小的鳥類家裡，讓那些不知情的鳥幫自己「養小孩」，牠們坐享其成，小孩長大後還會霸占「養父母」的家，行為堪比「詐騙集團」！

但喜鵲比杜鵑體型更大，更為凶悍，照理說，杜鵑不太有機會「寄生上流」，自然界中發生「鳩占鵲巢」的可能性很低。或許是因為杜鵑鳥「霸道總裁」的形象深植人心，「鳩占鵲巢」在文學世界中不但成立，而且還用來罵人。

杜鵑和喜鵲在各種加油添醋、張冠李戴後，就這樣莫名的結了仇，而當事者一概不知。

像極了人際關係。

有笑國文課

生：老師，我們來玩「我比你猜」。我做一個動作，你猜一個成語喔！（拿了一瓶雀巢檸檬紅茶，比「讚」）

師：讚不絕口？茶餘飯後？心滿意足？

生：答案是「鳩占鵲巢」！因為「揪讚」（閩南語「很棒」的意思）「雀巢」！

師：諧音哏玩不膩耶！

MEMO

楚辭：
男人哭吧哭吧不是罪

★ 國學有嘻哈 ★

戰國時代南方兮，楚國人叫屈原。
被陷害又流放兮，寫離騷來抱怨。
六七言而感傷兮，辭賦體之祖先。

★ 《楚辭》的自我介紹 ★

我的老爸是屈原，又有才又愛國，
卻被人陷害，所以楚王叫他滾遠一點。
他太傷心，就跳河和世界說再見了。
而他留下的詩，加上其他人學他寫的作品，
集結起來就是我——《楚辭》。

我屬於戰國時代的「南」人。
豐富的自然環境，造就豐富的想像，
因此我最擅長運用神話故事表達感情。

我和《詩經》長得很不一樣，一句話常用六或七個字，看心情。
還常在句子裡用到「兮」這個字，那是我老爸傷心的嘆氣聲。

我是中國辭賦之祖、南方浪漫文學的代表，
和《詩經》一樣是中國文學的老祖宗喔！

美人遲暮：
歲月是把殺豬刀，連屈原也害怕？

跟著詩歌學成語

《楚辭．離騷ㄙㄠ》（節選）　屈原

汩ㄩˋ（急速）余（我）若將不及兮ㄒㄧ，

恐年歲之不吾（我）與（等待）。

朝ㄓㄠ（早上）搴ㄑㄧㄢ（摘）阰ㄆㄧˊ（楚國山名）之木蘭兮，

夕攬（採）洲之宿ㄙㄨˋ莽ㄇㄤˇ（草名）。

日月忽（迅速）其不淹（停留）兮，春與秋其代序。

惟（想）草木之零落兮，恐美人之遲暮。

不撫（趁）壯而棄穢ㄏㄨㄟˋ（雜亂）兮，

何不改此度（現行的法度）？

乘騏ㄑㄧˊ驥ㄐㄧˋ（駿馬）以馳ㄔˊ騁ㄔㄥˇ（奔馳）兮，

來吾道（同「導」）夫ㄈㄨˊ先路。

1 歲不我與：時間不等待我們。比喻錯失時機，後悔莫及。也作「時不我與」。

2 春秋代序：指一年之內四時順序更替。

3 美人遲暮：美人晚年。比喻年華老去，盛年不再。

直播室，講故事

我們常說的「屈原」，其實並不姓屈。屈原姓芈ㄇㄧˇ，芈姓是楚國祖先的族姓，後來分出了很多支，屈氏是其中一支氏族，和昭氏、景氏是楚國三大王族，由三閭ㄌㄩˊ大夫掌管，屈原就曾擔任這個官位。

屈原出身自貴族，而且博學多聞口才好，所以楚懷王特別信任他。國家大事要商量，找他；外賓來訪要接待，也找他。

人紅是非多，同事們對屈原「羨慕嫉妒恨」，尤其是上官大夫靳ㄐㄧㄣˋ尚。有一次，屈原奉命要制定法令，還在打草稿的階段而已，靳尚就來要把草稿搶走，屈原一口回絕。靳尚搶功不成，便故意說屈原壞話：

「大王，誰不知道您任命屈原制定法令！但屈原每發布一條法令，就要自誇一遍，說除了他，沒人能做這個！」

楚懷王聽完之後氣呼呼，大吼：「沒想到屈原這樣目中無人，連我都不看在眼裡，叫屈原給我滾！」

滿懷理想的屈原，不能接受事實被扭曲、是非被顛倒，也不能理解：楚懷王的信賴難道是「紙糊」的？

於是，屈原痛苦的寫下了千古名作——〈離騷〉。離，等於「罹ㄌㄧˊ」，意思是遭遇；騷，是憂愁。〈離騷〉也就是「我覺得空虛寂寞冷」。

這首詩共有兩千多字，屈原將一腔悲憤化為詩句。同樣懷才不遇的後代文人士子，讀了之後特別有共鳴，爭相學習屈原的寫法。因此，〈離騷〉成為中國文學「士不遇」的代表作品，詩人從此也稱為「騷人墨客」。

而「美人遲暮」這個成語，便來自〈離騷〉。是屈原怕自己當不成「凍齡美人」嗎？還是他擔心「歲月是把殺豬刀」，即將殘害哪位美女嗎？

時光飛逝，光陰不等人，再這樣下去，我怕我就要錯過最好的年華了！

我明明已經竭盡心力，早上採摘木蘭，黃昏採摘宿莽，從早到晚不曾懈怠。這些香草好花，和我的品德一起散發著香氣，就像我從不曾忘記要潔身自愛，沒有一刻放棄努力。

可是爲什麼？一天又一天，一年又一年，時間就這樣流逝了，太陽、月亮從不爲我停留。春去秋來，轉瞬間草木凋零，大地從一片欣欣向榮，變爲蕭條。我怕再美的人，終究也抵擋不住歲月的摧殘。

爲什麼不趁壯盛時，除掉那些雜草呢？爲什麼不改變過時的法令呢？

來吧！我要駕著那千里馬飛奔，成爲開路先鋒，成爲國家的嚮導！

關於「美人遲暮」中的「美人」，自古有三種解釋：

首先，美人可能指的是君王，意思是：楚王以前重用我，就像是美人青睞才子，如今怕是會越老越糊塗了！

因為屈原的作品常將懷王比作美人，又將賢臣比作香草，「香草美人」變成文學傳統的常用比喻，往往寄託忠君愛國的思想。

再者，美人也可能是屈原比喻自己。就像美人最怕歲月無情，再有才華的人，也怕錯過可以展現能力、報效國家的機會。把士人期待君王賞識，比喻成美人希望受到喜愛。

最後，美人也可能是比喻楚國，曾經那麼強盛，就怕要日漸衰亡了。對照屈原寫〈離騷〉的背景，以及大多作品呈現的憂國憂民，這個解釋也通。

無論屈原的原意是什麼，「美人遲暮」後來成為中國文學的共同符號，用來感傷時光流逝、青春不再或才華不受賞識。

然而，現代媒體常在女明星中年後的照片旁邊，搭配這個成語，口氣看似同情，實則嚴苛的挑剔女性外貌。屈原要是知道，可能會氣到浮出水面反駁：「你們又曲解我的意思了，別再拖我下水啦！」

有笑國文課

師：世上最讓人無奈的悲哀是什麼呢？武俠小說作家古龍認為，是美人遲暮和英雄末路。也就是美人變老人，英雄變「狗熊」。

生：老師，那你一定覺得很悲哀！

師：哼哼，想笑我美人遲暮嗎？沒關係，至少你們承認我是美人！

生：不是，你還沒有美過就老了，更慘！

師：可惡！

MEMO

黃鐘毀棄，瓦釜雷鳴：
屈原拒看「破銅爛鐵秀」？

跟著詩歌學成語

《楚辭・卜居》（節選）　屈原

寧（寧可）與騏驥（良馬）亢軛（並駕同行）乎？
將（還是）隨駑（低劣）馬之跡乎？
寧與黃鵠（天鵝）比翼（一起飛）乎？
將與雞鶩（野鴨）爭食乎？
此孰（什麼）吉孰凶？何去何從？
世溷濁（汙濁）而不清，蟬翼為重，
千鈞（最重的東西）為輕；
黃鐘毀棄，瓦釜雷鳴；
讒人（諂媚的小人）高張，賢士無名。
吁嗟（嘆詞，唉）默默兮，誰知吾之廉貞！

1 黃鐘毀棄：指可用以校正音律的樂器遭到毀壞拋棄，比喻賢才不被重用。黃鐘，樂器名。器大聲宏，具有校正音律之效。

楚辭

2 瓦釜雷鳴：指陶製的鍋具，本來不會發生巨大聲音，但如此平庸之物竟發出如雷的巨響，比喻平庸無才德的人卻居於顯赫的高位。瓦釜，陶製的鍋具，喻平庸之物。

直播室，講故事

自從懷王疏遠屈原後，楚國發生了一連串的動盪。

先是秦國派張儀來說服懷王：「秦國最討厭齊國了，只要你們和齊國絕交，我們就送楚國六百里地。」

連小孩都不會聽信這麼誇張不實的條件，和最好的朋友絕交了，貪心的懷王竟答應了。沒想到，楚國和齊國絕交後，去向張儀討六百里地，張儀卻出爾反爾的說：「我是說六里，你聽錯了！」擺明是詐騙。

懷王一氣之下，就發動戰爭攻秦，但反倒害八萬楚軍喪命，楚國將軍被抓，漢中的土地也給秦國搶走了。

楚懷王不死心，深入敵營進攻。此時，魏國竟然趁楚國不注意，從後方偷襲。而齊國還在氣楚國和它絕交，所以見死不救。楚國腹背受敵，懷王才後悔沒聽屈原的話：「聯齊抗秦，以策安全。」於是他派屈原去找齊國重修舊好。

秦國擔心屈原的好口才，可能促使齊、楚再度聯手，所以決定講和，還要把漢中還給楚國。楚王恨張儀恨的牙癢癢，意氣用事的說：「我不要土地，我只要張儀！」張儀聽說後，回稟秦王：「我去！沒在怕的啦！」

張儀到了楚國之後，先收買楚國大臣和寵妃鄭袖，又加上他自己的「三寸不爛之舌」，最後，懷王不但選擇和秦聯姻，還放走了張儀。屈原前腳才和齊國和談，懷王後腳又背叛了齊國。屈原知道大事不妙，但為時已晚。

那幾年，懷王就在「到底要跟齊國好，還是和秦國好」的選擇中，搖擺不定。當秦昭王繼位時，他為了鞏固勢力，積極拉攏楚國，把美女、錢財、土地當成贈品在送，並約懷王在黃棘ㄐㄧˊ相會。

屈原極力反對，可是他鬥不過「親秦派」，反對無效，還遭到流放。

「黃鐘毀棄，瓦釜雷鳴」，便是屈原在這個情況下發出的感慨。屈原被流放之後，整整三年無法面見懷王，心煩意亂之際去算命。神算鄭詹尹ㄧㄣˇ問他：「您要問事業還是愛情呢？」屈原當下鼻頭一酸，開始吐露滿懷心事，也就成了〈卜居〉這首詩的主要內容：

是寧可和良馬並駕奔馳，還是該隨著劣馬的足跡，牠走到哪我就跟到哪呢？是寧可和天鵝一齊飛翔，還是跟那些雞鴨爲了一點食物搶破頭呢？

什麼選擇是吉？什麼選擇是凶？我該何去何從呢？

這個世界混濁不清，是非顛倒：蟬的翅膀那麼輕卻被認爲是重的，千鈞那麼重反倒被認爲是輕的；作爲標準的黃鐘被毀棄了，破爛鍋子卻發出雷一般的響聲；只會巴結諂ㄔㄢˇ媚的小人位高權重，賢能的讀書人竟沒沒無聞。

唉！無言。誰能懂得我的廉潔忠貞呢？

屈原希望神明指引他方向，但他心中早就選好了答案：如果和劣馬、雞鴨一樣，為了生存，走好走的路，當然比較容易一帆風順，不過，他寧可選擇艱難的道路，他希望和駿馬昂首前行，如天鵝振翅翱翔。

可惜的是，「黃鐘毀棄，瓦釜雷鳴」，屈原所處的亂世，奸臣明明一派歪理還振振有詞，他們吵雜的聲音，蓋過了忠臣苦口婆心的勸告，偏偏君王聽信讒言，反而遠離了像屈原這樣的君子。

屈原哪裡是來算命的！他多希望占卜的人，可以將他的憤懣ㄇㄣˋ傳達給天神；他多希望神靈可以告訴他，為什麼小人當道？最後，算命先生只能無奈又誠實的回答他：

「用君之心，行君之意，龜策誠不能知事。」

世界上有算命算不出的事，有神明不能顯靈的時刻，不如按照自己的心意，走自己想走的路吧！

有笑國文課

師：「黃鐘毀棄，瓦釜雷鳴」，意思是說把美好的樂器丟在一邊不用，卻敲打普通的鍋子，讓它發出巨大的聲響。想想看，這可能是什麼狀況呢？

生：破銅爛鐵秀？

師：還真有點像……

眾醉獨醒：

屈原是滴酒不沾，還是千杯不醉？

跟著詩歌學成語

《楚辭・漁父》（節選）　屈原

屈原既放，遊於江潭，

行吟澤畔，顏色（臉色）憔悴，形容枯槁ㄍㄠˇ。

漁父見而問之曰：「子非三閭大夫與ㄩˊ（等於歟，嗎）？

何故至於斯！」屈原曰：「舉世皆濁我獨清，

眾人皆醉我獨醒，是以見（被）放！」

1. 形容枯槁：形體容貌乾瘦。
2. 眾醉獨醒：比喻在頹靡混濁的環境中，不同流合汙。

直播室，講故事

黃棘之會後，秦楚關係果然如屈原所料，並未真正獲得改善，一天到晚「分分合合」，甚至一言不合就打仗。

某次，秦國打累了，通知楚懷王說：「別打了，你來武關跟我聊聊。」

這時大臣分為兩派，屈原這派勸諫懷王：「大王別去！其中必定有詐。」但另一派勸懷王前往，尤其是鄭袖的小兒子子蘭對懷王說：「父王去吧！別讓秦國不開心。」

最終，懷王聽兒子的話，決定前往。但他一進秦國就遭到算計，再也沒機會活著回楚國。遺體送回國時，全國百姓夾道痛哭。秦楚關係決裂。

楚國太子繼位，稱為頃襄王。楚國人怪罪子蘭害懷王送命，頃襄王卻讓弟弟子蘭當「令尹」，也就是楚國的宰相。頃襄王害怕秦國的威嚇，又聽信子蘭的建議，不顧屈原等大臣的反對，想盡辦法和秦國交好。

就像是誰按了重播鍵，類似的情節，再次上演。

屈原憤憤不平，寫詩抒情。子蘭聽說之後，認為屈原的詩在諷刺他，就派人在頃襄王面前講屈原壞話。沒想到相同的套路，在不同的君王身上一樣有效。頃襄王聽完之後氣呼呼，於是又流放了屈原。

而後，秦國軍隊一路猛攻，直接攻下楚國國都郢都。屈原眼睜睜看著民不聊生，國破家亡，沉痛地寫下〈哀郢〉，卻對楚國的狀況無能為力。

〈漁父〉的內容則預告了他將走上絕路……

屈原遭到流放後，沿著江流吟著詩。他再也不是當年意氣風發的少年，一臉憔悴，整個身形像是狂風中的枯枝一樣削瘦，似乎無法承受這個世界巨大的惡意。經過的漁父看見他這副模樣，驚訝的問：「您不是三閭大夫嗎？怎麼落到這種下場呢？」屈原答道：「全世界都是髒的，只有我是乾淨的，所有人都喝醉了，只有我是清醒的，所以我被流放了。」

明明是對的，所有人卻故意否定他而認同錯誤。「眾人皆醉我獨醒」寫盡了屈原的孤寂，他像是無邊黑夜中的一顆星，即使明亮，卻是那麼格格不入。

《宋書》中記載了一個相似的寓言故事：

某國裡有一汪「狂泉」，喝的人全瘋了。唯獨國君，自己挖井汲水來喝，所以安然無恙。但整個國家的人都已經發狂，他們反而覺得沒發瘋的國君是個瘋子。於是他們抓住國王「治療」，針灸、燒艾，什麼方法都試了一遍。國王不堪其擾，只好跟著去喝狂泉，喝完之後，他也瘋了。最後全國上下都發狂，皆大歡喜。

如果我們是那個國王，當「與眾不同」是種罪過，群眾的壓力排山倒海而來時，我們能堅持多久呢？會不會跟國王的選擇一樣，最後乾脆放棄自我？

屈原就像是一開始不喝狂泉的國王那樣，被顛倒是非的眾人排擠，處境艱難。他大可像國王一樣選擇妥協比較好過，偏偏他是孤獨的先知，不能接受「皆大歡喜」的假象，所以勇敢地選擇和所有人方向相反的路，寧可被認為是「異類」，也不願意改變原則去「合群」。

或許在漁父代表的那類人心中，這是一種很傻的選擇，然而，世界上有種傻叫擇善固執。風雨無法改變向日葵面向太陽的執著，讒言、勸告、流放，都不能動搖屈原一心為國的堅定。

只可惜當時沒人能懂，唯有他留下的詩句，讓我們能聽見那長達千年的一聲聲嘆息。

有笑國文課

師：屈原有句名言：「眾人皆醉我獨醒。」你們覺得屈原可能是比喻什麼呢？

生1：屈原酒量太好？

生2：屈原完全不喝酒？

師：說好的比喻呢？

MEMO

賦：
你當我是浮誇吧，誇張只因我很怕

★ 國學有嘻哈 ★

文學發達兮，詩文相加。
漢賦稱霸兮，內容浮誇。
最強四家兮，張揚班馬。

★ 「賦」的自我介紹 ★

漢朝時，國家安定，文學發展，
《楚辭》和「散文」結合後
我——「賦」，就誕生了。

我是半詩半文的新體裁，《楚辭》加上賦，
稱為「辭賦」體，是漢朝最有代表性的文學作品。

有的賦長得比較像《楚辭》爸爸，愛用「兮」嘆氣；
有的賦長得比較像「散文」媽媽，滿口「之乎者也」，
還長篇大論，最愛挖空心思稱讚君王。

漢賦「詩人天團」有：司馬相如，人稱「辭宗」、「賦聖」，
還有揚雄、班固、張衡，人稱「漢賦四大家」。

千變萬化：
世界上有什麼是永遠不變的？

跟著詩歌學成語

〈鵩ㄈㄨˊ鳥賦〉（節選）　賈誼

且夫ㄈㄨˊ（發語詞）天地爲爐兮，造化爲工（工匠）；

陰陽爲炭兮，萬物爲銅。

合散消息兮，安（怎麼）有常則？

千變萬化兮，未始有極。

忽然爲人兮，何足控摶ㄊㄨㄢˊ（貪戀生命）；

化爲異物（過世）兮，又何足患！

1 千變萬化：形容變化無窮。

直播室，講故事

在《史記》裡，作者司馬遷將屈原和另一個人的故事並列，他們明明生在不同的年代，一個在戰國，一個在漢朝，人生遭遇卻有大半像複製貼上。這個人叫做賈誼ˋ，他的作品上承《楚辭》，下啟漢賦。

賈誼，年紀輕輕就因為博學多聞，而官拜博士，人稱「洛陽才子」。他的口才出眾，對國家改革很有想法，短時間內就「爆紅」。一群老臣對他「羨慕嫉妒恨」，就故意在文帝面前說賈誼的壞話，文帝便疏遠了賈誼，甚至把他貶為長沙太傅。

是不是覺得這段故事很面熟？像是誰把屈原的人生劇本錯給了賈誼。

長沙這個地方氣候潮濕，又離權力中心很遠，賈誼從「洛陽才子」成了「落魄才子」，他悲觀的想：「我這次去長沙，大概沒命回長安了吧！」路上經過湘江，賈誼想起在隔壁汨羅江投河自盡的屈原，覺得自己和他同病相憐，於是寫下了〈弔屈原賦〉，看似祭弔屈原，實則哀悼自己短命的政治生涯。

被貶第三年的某天，在賈誼的住所，飛進了一隻「鵩鳥」，也就是貓頭鷹。在古代，這種鳥不吉利，飛到誰家誰倒楣。賈誼好似再次感受到死神的召喚，悶悶不樂，寫下了〈鵩鳥賦〉。

作品中，賈誼以對話的寫法，想像鵩鳥以超脫世俗的智慧開口安慰他：

天地就像一個大爐子，而化育萬物的大自然就像一個工匠；陰陽二氣像炭火一樣，萬物就是經過炭火

鑄造而成的銅塊。作爲銅塊，我們只能在其中受煎熬，無法反過來控制炭火、工匠、爐子，所以，人生的聚散無常，世事千變萬化，沒有極限，無法預料，我們怎麼可能掌握其中的規律呢？生而爲人，只是偶然，有什麼值得戀戀不捨？每個人終究都會命歸黃土，又有什麼值得擔憂的呢？

鵩鳥當然不會說話，這篇賦作，代表賈誼內心掙扎的兩種聲音：一個是擔心自己生死未卜、前途不明，另一個則理智的勸自己想開一點。這種和想像的對象一問一答的方式，看起來特別孤獨，卻成為後代賦體模仿的寫法。

而且，一個人越是強調自己「不在意」，越是凸顯他的內心有多在意。加上〈鵩鳥賦〉的語法類似《楚辭》，讓我們不禁聯想到，他像屈原一樣懷才不遇，滿心的鬱悶無處可說，只能用文字和自己對話。因此，整篇作品讀來不覺豁達，倒有種故作堅強的心酸。

幸好，鵩鳥並未將賈誼帶進墳墓，反而帶來了好消息：漢文帝要召賈誼回長安！

賈誼欣喜若狂，風塵僕僕地趕回長安，但漢文帝不是要升他官，也不是要諮詢什麼國家大事，而是問起了「神鬼傳奇」，大概類似「阿飄怎麼飄」、「求佛怎麼求」之類無關緊要的問題。賈誼卻抓住機會，知無不言，言無不盡，文帝聽得津津有味，黑著眼眶熬著夜，仍欲罷不能。

賈誼離開後，文帝有感而發的說：「賈太傅果然還是本朝最強學者，沒有之一！」不久，文帝便任命賈誼為梁王太傅。

一樣是太傅，都是「老師」，地位卻大不相同。長沙偏遠，而梁王愛讀書，又是文帝特別疼愛的孩子，很有可能是未來太子的人選，那麼賈誼就很有機會成為下一任帝王的老師，這可是文帝作為君王和父親，最重要的託付。

偏偏造化弄人，幾年後，梁王竟然在騎馬時，從馬背上摔下來，重傷不治。賈誼深深自責，覺得自己作為梁王的老師，卻沒有好好看顧他，辜負了文帝的期許。從此，賈誼每天活在內疚裡，以淚洗面。過了一年多，他鬱鬱而終，過世時只有三十三歲。

果真如賈誼在〈鵩鳥賦〉所提到的，人生無常，何時生？何時死？中間會有什麼遭遇？世事難料，「千變萬化」，哪裡是區區人類可以掌控的呢？

永遠不變的，只有「變」這件事本身，我們唯有順應自然，才能不被天地洪爐困住。可惜，聰明如賈誼，知道但依然做不到，更何況是我們一般人。

有笑國文課

師：「千變萬化」這個成語看起來很誇張，其實很寫實。只要細心觀察，這個世界難道不是每一秒鐘都在變化？反倒是永遠不變的事物很少，大家想想看，有什麼是永遠不會變的？

生：愛！

師：愛是會變的。

生：你怎麼知道？

師：因為我是受害者。

MEMO

驚天動地：
司馬相如是「行走的字典」還是「浮誇王」？

跟著詩歌學成語

〈上林賦〉（節選）　司馬相如

鼓（擊鼓）嚴簿ㄅㄨˋ（守衛森嚴的侍衛），縱ㄗㄨㄥˋ（鼓舞）獵者，

河江為阹ㄑㄩ（依傍山谷圍獵），泰山為櫓ㄌㄨˇ（防禦的瞭望樓），

車騎雷起，隱（遮蔽）天動地，先後陸離（分散），

離散別（分開）追，淫ㄧㄣˊ淫裔ㄧˋ裔（來來往往），

緣（沿著）陵（山林）流（朝向）澤，

雲布雨施（喻人數眾多）。

1 驚天動地：形容聲音很大。後來形容聲勢驚人。原文有兩個版本，一個是「隱天動地」，另一個是「殷ㄧㄣ天動地」。

賦

直播室，講故事

「驚天動地」，這個成語出自司馬相如的〈上林賦〉。起初用來誇飾天子游獵的聲勢浩大，恰好也最能代表漢賦浮誇的寫作特色。

司馬相如，本名「犬子」，大概類似「狗蛋」之類的。他長大後，因為崇拜藺相如而自己改名。在他成名後，後人反而用他的原名「犬子」、「小犬」來謙稱自己的兒子。

司馬相如從小雖然有點口吃，卻文武雙全。可是，當時漢景帝崇尚儉樸，對司馬相如最擅長寫的華美辭賦，完全不感興趣。即使司馬相如寫出了〈子虛賦〉這樣的鉅作，他依然官運不順。

直到某次受邀到臨邛富商卓王孫家作客，他的人生「逆轉」了！

一表人才的他，在宴席上彈奏了一曲〈鳳求凰〉，意外的打動了卓王孫的女兒——卓文君。當時「文君新寡」，意思是卓文君的丈夫才剛過世。但她卻對司馬相如一見傾心，不經父母同意，半夜就和司馬相如私奔回成都了。

司馬相如窮到只剩一身的才華，《史記》用「家徒四壁」來形容他的家境，卓王孫還是氣到一分錢都不肯支助他們。久而久之，夫妻倆日子過不下去了，決定回臨邛做點小生意，當街賣酒，人稱「文君當壚」，引發眾人熱議。卓王孫聽說之後，不願意自己的女兒這樣拋頭露面，只好拿出大筆財產「金援」。夫妻倆就成了有錢的「靠爸族」，開開心心的回成都買房買田去。

只能說好運來了，擋都擋不住。某天，漢武帝讀到〈子虛賦〉，驚嘆道：「啊！如果這位作家和朕同時代該多好！」旁人一聽：「作者司馬相如還在世啊！」漢武帝像是買到「偶像見面會」門票般的興奮，立刻召見了司馬相如。

〈子虛賦〉的開頭，楚國的「子虛」先生和齊國的「烏有」先生，兩人一問一答，各自誇讚自己國君出獵有多壯觀。由於這兩個名字的意思都是「沒這個人」，因此後世用「子虛烏有」比喻不存在的、虛構的事物。

而司馬相如晉見漢武帝後，接續〈子虛賦〉的內容，寫出了更盛大、更華麗的〈上林賦〉，極盡能事的描述天子的園林「上林苑」、宮殿，以及天子游獵的規模，展現出漢朝大一統帝國的盛世氣象：

「咚咚咚咚咚……」森嚴的守衛敲起鼓來，所有獵手們便出擊了！整個天下都是天子的狩獵場，大江大河就是天子圍獵的柵欄，雄偉的泰山就是天子的瞭望臺。

當車馬飛奔而出的時候，像是雷聲驟然響徹雲霄，震天動地。獵手們四散分離，各自追逐自己的目標。出獵者行進，往來不絕，沿著山陵，順著沼澤，人數眾多，像雲霧密布，如大雨傾注，聲勢浩大。

〈上林賦〉中，只要提到河海，就鋪陳了無數「水」部的字；提到山陵，就堆砌各種「山」部、「阜」部的字；只要提到植物，各種「草」部、「木」部的字就出現了……

他筆下的壯闊山河，歷歷如繪，更別說裡頭提到的珍禽異獸、奇珍異寶，讓億萬讀者都要驚呆了！偏偏他還說：「這些通通都是天子的！」大大滿足了盛世帝王的虛榮心。

而且全文用字遣詞特別難、特別少人使用，卻華麗磅礴，讀完會忍不住想讚嘆：司馬相如簡直像是一部「行走的字典」！

畢竟，有「粉絲」的大力支持，「偶像」就會更賣力演出。何況這個「粉絲」還是皇帝，一定要傾盡畢生所學「秀」一下的啊！

就這樣，整篇賦作洋洋灑灑寫了四千多字。文章中間「花式拍馬屁」，多少有點誇過頭了，而結尾筆鋒一轉，不忘講講道理，勸君王不要亂花錢，平常要節儉一點。漢武帝讀完之後龍心大悅，重用司馬相如。

司馬相如終於因為他的才華，登上人生的巔峰，愛情事業兩得意。他也一改《楚辭》以來，「辭賦體」的憂傷風格，開創了漢賦「驚天動地」的非凡成就。從此，司馬相如成為名號響噹噹的一代「賦聖」，名留青史。

有笑國文課

師：「驚天動地」通常用來形容很大的聲音，比方說打雷。或是讓人震撼的事，比方說特別驚人的新聞事件。生活裡還有什麼狀況也會「驚天動地」呢？

生：爸媽聯手揍我的時候。

師：需要老師幫你打家暴專線嗎……

臨川羨魚：
張衡能發明地動儀，卻抓不住一條魚？

跟著詩歌學成語

〈歸田賦〉（節選）　張衡

游都ㄉㄨ邑ㄧˋ（指東漢京都洛陽）以永久，

無明略（明智的謀略）以佐時（輔佐君主）。

徒（徒然）臨川以羨魚，

俟ㄙˋ（等待）河清（政治清明）乎未期。

感蔡子（戰國人蔡澤）之慷ㄎㄤ慨ㄎㄞˇ（壯士不得志），

從唐生（戰國人唐舉）以決疑（占卜）。

諒（確實）天道之微昧（微妙），追漁父以同嬉（樂）。

超埃塵以遐ㄒㄧㄚˊ逝（遠去），與世事乎長辭（永別）。

1. 臨川羨魚：站在水邊想得到魚。比喻雖有願望，若無實際行動，也無濟於事。也作「臨淵羨魚」。
2. 黃河清：黃河因流經黃土高原而將大量泥砂沖刷入河，造成水色渾濁不堪，故以「黃河清」比喻罕見、難得的事情。也代表天下太平的一天。

直播室，講故事

張衡，中國史上最偉大的科學家，他擅長天文、地理、數學，是東方最早可以正確解釋月蝕的人，還發明了能觀察天象的「渾天儀」、能測定風向和地震的「候風地動儀」，比西方早了一千七百多年。

當你以為他是史上最強「理科腦」時，你卻會發現：寫起辭賦，他名列「漢賦四大家」；拿起畫筆，他又名列「東漢六大畫家」。

這樣的跨領域的「全能型人才」，如同稀世珍寶，大家搶著想聘用。明明可以「斜槓」兼差，偏偏他性格淡泊又謙遜，多次拒絕地方官員的徵聘，潛心向學，遊歷山河，寫出許多描繪各地風土民情的賦作，例如：〈二京賦〉、〈南都賦〉、〈溫泉賦〉等等。

漢安帝聽說了他的博學多聞，親自徵召他，還安排他擔任「太史令」，專門掌管歷史記載和天文曆法，官位不高，但非常適合他發揮所長。

在張衡任職的期間，不知為何剛好天災連連。地震、風災、水災、旱災等，嚴重威脅老百姓的生命安全，可是在科學不發達的時代，大家迷信這是天譴，加上當時外戚、宦官干政，整個社會動盪不安。

「渾天儀」、「候風地動儀」就是在這樣的背景下發明的。

張衡不眠不休，致力於這些發明，並不是為了升官加薪，或是炫耀所學，而是為國為民，希望能夠安定人心，卻被其他大臣譏諷。

某次，「候風地動儀」出現動靜，洛陽卻感覺不到任何震動，大臣們酸言酸語的給出「負評」：「哼！不是說這個怪東西測地震有多準嗎？騙人啦！」

不料過了幾天，地方傳來報告：「隴西前幾天大地震。」那正是「候風地動儀」測出的震央位置和地震日期！「酸民」啞口無言，終於知道「候風地動儀」的厲害。

但他們就是不喜歡張衡。因為張衡生活簡樸，而大臣們花錢不手軟，張衡曾經寫文章痛批他們的奢侈，再加上張衡上書勸皇帝不要讓宦官掌權，所以愛錢的大臣和貪權的宦官，就聯合起來排擠他，故意在皇帝面前說他壞話。

這套路怎麼那麼眼熟呢？各位小人們，沒別招了嗎？

不過這些小人萬萬沒想到，張衡天性與世無爭，他乾脆順勢辭官退休，還寫下了〈歸田賦〉，表明心志：

我在洛陽作官已經很久了，沒有高明的謀略能夠輔佐君王，就像是在河邊看著肥美的魚，希望抓住卻什麼都做不了，只能空等黃河水清、天下太平的那一天，卻怕是遙遙無期。

想起戰國時代，蔡澤的壯志不能如願展現，還要找唐舉看相算命，來解答人生的疑惑，我就知道天道是微妙不可捉摸的，所以我要跟隨漁夫退隱，在山川之間找回我的快樂。拋開那汙濁的人世，告別世事的紛紛擾擾，遠遠離去。

整篇賦作只有兩百個字左右，比起他早期寫了十年，大約七千多字的〈二京賦〉，是沒那麼「用力」的作品。然而他的真情實感展露無遺。他說自己「臨川羨魚」，那麼是羨慕或渴求什麼呢？短短的比喻句中，藏著內心的五味雜陳：為國家憂思，多麼渴望國泰民安；為歸隱欣喜，多麼羨慕無事一身輕的隱士；為仕途感慨，多麼希望能夠有人真心賞識、一展長才……

他窮盡一生，也無法參透宇宙的奧妙，但他內心的「小宇宙」，就這樣濃縮在〈歸田賦〉中。

相較於一般漢賦，浮誇鋪陳又長篇大論，〈歸田賦〉精簡卻動人，開啟了魏晉時代寫作抒情小賦的風潮，而「歸隱田園」這個主題，也影響到東晉陶淵明〈歸去來辭〉、〈歸園田居〉五首，以及後世田園詩的創作。

如同黑暗遮蔽不了的星星，死去千百年後，我們依然可以看見他留下的光，熠熠生輝。

有笑國文課

師：「臨川羨魚」有另一個說法，叫做「臨淵羨魚」，而且一般人通常會在後面再加一句，叫做「臨淵羨魚，不如退而結……」什麼呢？

生：結帳？

師：是結網！你們抓不到就用買的嗎？

MEMO

樂府：
你被寫在我的歌裡面唱呀

★ 國學有嘻哈 ★

漢朝有樂府，原本是官署。
民間的歌詞，內容多敘述。
寧不知百姓愛講古，
口語又質樸。

★ 「樂府」的自我介紹 ★

我的名字——「樂府」，本來是「掌管音樂的官府」。
漢武帝時，派更多「樂府」的官員，到各地採集民間歌謠，
所以我的名字也用來代表民歌，又叫「歌行體」。
總之，我的專長就是唱歌。

我受老祖宗《詩經》的影響特別深，
都是老百姓的創作，特別喜歡說故事，
所以用詞比較口語，風格樸實自然。

但我和《詩經》最不一樣的是：句子從一句四言變成一句五言。
而且為了搭配音樂的變化，每句歌詞要寫幾個字都可以，
整首詩要寫幾句都可以，長短伸縮自如。
反正唱歌嘛！愛怎麼唱就怎麼唱囉！

絕世佳人：
「鄉民暴動」了！她是誰？

跟著詩歌學成語

〈北方有佳人〉　李延年

北方有佳人，絕（超越）世而獨立。

一顧（回頭看）傾ㄑㄧㄥ（傾覆）人城，再顧傾人國。

寧（難道）不知傾城與傾國，佳人難再得。

1. 絕世佳人：舉世無雙的美女。也作「絕代佳人」、「絕色佳人」。
2. 傾城傾國：指傾覆城邦家國。形容女子的美豔，會帶來禍害。也作「傾國傾城」。

直播室，講故事

「樂府」原本指的是掌管音樂的官府，漢武帝的時候，命令宮廷樂師李延年，擔任「協律都尉」，相當於「音樂部部長」，到各地收集民謠，而這些民歌的歌詞，也就是後來的「樂府詩」。

李延年是何許人？有本事從小小樂師，讓漢武帝特地為他設置一個前所未有的官職「協律都尉」？這一切都源自一首歌……

傳言李延年能歌善舞，還會作詞作曲，寫的歌甚至可以讓聽眾感動落淚，根本「西漢周杰倫」！

有一次，漢武帝請他表演，他舞姿曼妙，徐徐唱出這樣生動的內容：

北方有個非常美麗的女子，一個人站在那裡，像是不食人間煙火的仙女，出塵脫俗。

當她回頭看一眼，眼波流轉，城中的人看見她的美貌，個個為她傾倒，簡直要引發鄉民暴動。更別說當她再次回眸，微微一笑便足以驚豔全國百姓。整個國家都像是要因為她而走向滅亡。

難道大家不知道，傾滅的國家或都城，都還夠重建，這麼一位風華絕代的美女，卻是人世間不可能再出現的！

漢武帝聽完之後，嘆氣道：「世上真有這樣的美人嗎？」「啟稟聖上，這個『正妹』就是我妹。」李延年回應。

漢武帝欣喜若狂，立刻召這位美人進宮。果真是「絕世佳人」，還和哥哥一樣能歌善舞，因此漢武帝封她為「李夫人」，非常寵愛。

只能說，「哥哥文筆好，徵婚沒煩惱」，而且李延年為自己找的妹婿竟然是皇帝，屬於「妹婿界」裡的天花板。

可惜，李夫人年紀輕輕就體弱多病。在她臨終時，漢武帝來探病，李夫人卻用棉被蓋住頭，拒絕武帝的探望：「妾病容憔悴，沒臉見聖上。只希望妾死後，聖上能好好照顧妾的兒子和兄弟！」漢武帝哀傷的說：「夫人，讓我見你最後一面不好嗎？」

李夫人還是推辭：「妾沒化妝，不敢素顏見您。」漢武帝窮追不捨道：「只要夫人見我一面，我就給你的兄弟升官！」「升不升官在於聖上的決定，不在於我們見不見面。」「不行！我一定要見你一面！」李夫人嘆一口氣，便翻身面向牆壁，躲在棉被裡哭泣，什麼也不說。武帝生氣的拂袖而去。

姊妹們聽聞此事，都怪李夫人：「夫人，您面見聖上，親自說個幾句，以後聖上不就會好好照顧我們家人嗎？您為什麼要這樣忤逆聖上呢？」

李夫人幽幽的說：「我不肯見聖上，就是為了讓聖上在我死後好好照顧家人。我當年身分卑微卻能受寵，正是因為我這張臉。我現在生病了，不美了。

夫ㄈㄨˊ以色事人者，色衰而愛弛ㄔˊ，愛弛則恩絕。

美貌消失，愛也會跟著消失，愛消失，也就恩斷義絕了。所以我不能讓聖上看到我這副模樣，我要讓聖上永遠記得我最美的樣子，當他想念我的時候，就會對我的家人特別好。」

這個方式果然奏效！武帝最後以皇后的禮儀厚葬李夫人，並封李夫人的哥哥李廣利為將軍，李延年為協律都尉。

可是再多的賞賜，都不能讓李夫人回到漢武帝身邊。漢武帝只能將她的畫像掛在宮殿裡，朝思暮想。後來，有個江湖術士，號稱可以施法術「招魂」，武帝太想念李夫人，所以姑且讓他試一試。

「招魂」的那一夜，隔著帳幕，朦朧的身影或坐或站，確實有幾分像李夫人，但只能遠望，不能近看。引得漢武帝更加悲傷，寫下了〈李夫人歌〉：

「是邪ㄧㄝˊ？非邪？立而望之，偏何姍姍其來遲！」

是你嗎？又或者不是你？我站在這裡，遠遠望著你，你為什麼過了那麼久才回來呢？

短短的十幾個字，卻寫盡了帝王的患得患失，以及綿長的相思之情。

然而，漢武帝念念不忘的，真的是李夫人的美貌嗎？後宮美女如雲，後起之秀中，比李夫人貌美的大有人在。說不定是時間美化了記憶，逝者在回憶中不變不滅，青春永駐。又或者是遺憾與不甘，讓武帝難以釋懷。因為作為君王，明明坐擁天下，逝去的伊人，卻是他這輩子再也求而不得的。

有笑國文課

師：古代稱最美的女人是「絕世佳人」，而且美到「傾國傾城」，足以毀國滅城！哇！什麼樣的女人有可能讓整個國家滅亡啊？

生：你！

師：我嗎？受寵若驚耶！

生：老師只要腳一踏，整個國家就毀滅了。

師：我是哥吉拉嗎……

魚傳尺素：
魚躍龍門，不如抵達家門？

跟著詩歌學成語

〈飲ㄧㄣˋ（給動物喝水）馬長城窟ㄎㄨ行〉

青青河畔ㄆㄢˋ草，綿綿（連綿）思遠道（遠方）。

遠道不可思，宿昔（昨夜）夢見之。

夢見在我旁，忽覺在他鄉。

他鄉各異縣，輾轉（曲折或失眠）不相（又作「可」）見。

枯桑知天風，海水知天寒。

入門各自媚（愛），誰肯相爲言。

客從遠方來，遺ㄨㄟˋ（送）我雙鯉魚（一封信）。

呼兒烹鯉魚（打開信），中有尺素書。

長跪讀素書，書中竟（到底）何如。

上言加餐食，下言長相憶。

1 魚傳尺素：傳遞書信。魚：鯉魚形的信匣ㄒㄧㄚˊ。尺素：古代用絹ㄐㄩㄢˋ帛ㄅㄛˊ書寫，通常長一尺，因此稱書信。

樂府

直播室，講故事

「飲馬長城窟行」，最開始是指出征時，戰士停下馬，在長城邊的泉窟休息、喝水。後來變成古代樂府的曲調名稱，內容往往和戰爭相關。

而「魚傳尺素」來自開頭是「青青河畔草」的〈飲馬長城窟行〉，這首詩主要描寫婦人對征夫的想念。有個說法認為作者是蔡邕ㄩㄥ。

蔡邕是東漢時候有名的才子，精通音律，耳朵特別靈光。傳說某次，有人燒柴準備煮飯時，蔡邕聽到火燒木頭「嗶嗶剝剝」的聲音，大吃一驚：「這裡面有上好的木材啊！」他趕緊從火裡搶救出一塊桐木，而後製成一把琴，果然琴聲美極了！由於這把琴的尾端還帶有燒焦的痕跡，所以被稱為「焦尾琴」。

或許是因為蔡邕的音樂才能，加上他流亡多年的經歷，所以有人把這首樂府掛在他名下，但大多學者經過考證，還是認定這首詩的作者是「佚ㄧˋ名」，相當於不知道作者是誰。

不過，可以確定的是：這首詩以婦人的口吻寫成，將想念丈夫的心理歷程勾勒得絲絲入扣：

河邊那鬱鬱蔥蔥的青草綿延到遠方，如同我的相思綿長不盡，想念著遠方的丈夫。再怎麼想念他，也無法讓他立刻出現在我面前，只能在夢中溫習他的模樣。

在夢裡，我身邊的他明明是那麼眞實，然而一覺醒來，他卻依然在遙遠的異鄉。他漂泊流離，我輾轉難眠，不知道何時才能再相見。

枯萎的桑樹能感覺到寒風，海水也能知道天氣變冷，誰能體會我的孤寂呢？返鄉的遊子回到家，自顧自的和親人說說笑笑，共享天倫，誰肯花點時間安慰我、告訴我丈夫的消息呢？

就在我傷心之餘，有位客人捎來了一封信。驚喜之餘，我多麼害怕像昨夜的夢境一般，期望越大，失望越深。所以我叫喚兒子來拆開鯉魚的信匣，裡面果然有丈夫親筆寫的家書。

我鄭重的打開這封信，信裡說了什麼呢？丈夫叮囑我要多吃一點，保重身體，並且告訴我，他也時時想念我……

這首詩的結尾餘韻無窮，我們彷彿可以想像這位婦人讀完信之後，顫抖的手、滿眼的淚及上揚的嘴角，說不出口的激動和感動。

亂世之中，男人可能要上戰場，可能要去作苦役。通訊不發達的時代，妻兒無法立刻得知他們的消息，只能懸著一顆心不斷掛念，一方面希望他們能捎來隻字片語，另一方面又害怕傳來的消息是他們受傷或喪命。

所以「魚傳尺素」在這首詩裡是一個重要的轉折。患得患失的婦人，知道對方安好無恙，暫時能放下心來。而且婦人看似一廂情願的深情，終於因為丈夫的一句「長相憶」，得到了回應。

然而，這首詩也反映了當時百姓身不由己的悲哀。相愛的人被迫分隔兩地，害怕彼此從「生離」變成「死別」，終日惶惶不安。「魚傳尺素」是兩人唯一的聯繫，小小的鯉魚信匣，裝著沉甸甸的情意，還肩負著重責大任。但是對方報了平安，也傾訴了相思，就是沒辦法確定的說出什麼時候可以回家。

詩中的家書，能夠穿越重重阻礙，來到女主角的手上，但女主角心愛的人，卻無法跨越層層階級，將命運掌握在自己手上。那個時代，每個百姓都只是上位者的一顆小棋子，任人擺布。而這樣一首樂府，之所以能傳唱千里，因為它不單只是一個人的故事，而是許多人共同的心聲。

有笑國文課

師：現代人流行網路交友，但是沒有網路的時代，流行交「筆友」，用「魚雁往返」的方式聯絡……

生：用「于晏ㄢˋ」往返的方式聯絡？彭于晏以前當過郵差嗎？

師：你知道誰是彭于晏！（一起畫錯重點）

MEMO

羅敷有夫：
已婚市長當街求愛，美豔人妻狠狠開嗆？

跟著詩歌學成語

〈陌上桑〉（節選）

使君（漢代官名，太守或刺史）從南來，

五馬立踟ㄔˊ躕ㄔㄨˊ（徘徊不前）。

使君遣ㄑㄧㄢˇ（派）吏ㄌㄧˋ往，問是誰家姝ㄕㄨ（美女）。

「秦氏有好女，自名爲羅敷。」

「羅敷年幾何？」「二十尚不足，十五頗有餘。」

使君謝（問）羅敷：

「寧（願意）可共載（坐車）不ㄈㄡˇ（等於否，嗎）？」

羅敷前置辭（答話）：「使君一何（何其、多麼）愚！

使君自有婦，羅敷ㄈㄨ自有夫。」

1. 使君有婦：比喻男子已娶。
2. 羅敷有夫：為秦氏女羅敷嚴厲拒絕使君的答詞，表示與丈夫感情堅定不移。後指婦女已婚。

樂府

直播室，講故事

相較於文人老是感時傷懷，百姓更愛說八卦、聽故事，所以來自民間的樂府詩，以敘事為主。而且某些故事，即使在現代，都是足以上新聞的程度。

比方說〈陌上桑〉這首詩，內容是在描寫一位「回頭率」百分百的「國民女神」——秦羅敷被搭訕的過程。路上有人攀談，現今可能是「正妹日常」，但在古代並不多見。而且，在大庭廣眾下「把妹」的，竟然是地方首長！最「勁爆」的是，這位美麗的有夫之婦，直接在眾目睽睽之下，揭穿對方有老婆的事實，口氣嚴厲的拒絕了對方輕浮的邀約。

這件事放到現代，大概也會以「已婚市長當街求愛，美豔人妻狠狠開嗆」這類聳動的標題，在網路上瘋傳吧！

羅敷到底有多美呢？〈陌上桑〉前半段除了描寫羅敷採桑時的衣著打扮，還透過「現場觀眾」的反應來渲染羅敷的美貌：挑扁擔的路人看見她，會情不自禁立正站好，放下扁擔，摸著鬍子，像欣賞藝術品一樣的端詳她；少年看見她，會脫下帽子、綁上頭巾，只差大唱「對面的女孩看過來」；耕田的忘了犁耙，鋤地的放下鋤頭，一起坐在路邊觀賞「美女採桑秀」，差點忘了回家，還被老婆罵。

但是，古代民風比較含蓄，眾人只敢遠觀，不敢接近羅敷。這時，一個大膽的男人出現了：

使君的車隊從南邊剛好路過，看見路人痴傻的表情和舉動，便好奇的停下馬來，才發現，原來大家的視線都投注在一個美女身上。

「你！去問問，這麼漂亮的小姑娘是誰家的啊？」使君派手下去探聽。手下回來報告：「這是秦家的女兒，芳名羅敷。」「喔？幾歲了啊？」「還不到二十，但是已經比十五歲超過很多了。」使君一聽，心想：這正是女子的適婚年齡啊！於是使君親自邀請羅敷：「美女，要不要和我一起坐車回家啊？」羅敷站上前，斷然拒絕了他：「使君，您別開玩笑了！是不是太陽太大讓您頭昏？您已婚，我已婚，我們之間沒緣分！」

無論「羅敷有夫」是不是一個藉口，整首詩接著有三分之一，都是羅敷「戲精」一般的在誇她丈夫，還特別強調：無論長相、氣場或官位，使君都望塵莫及。潛臺詞就是：「使君，死心吧！不管我旁邊是誰，都不會是你！」

世界上最遙遠的距離，是「我站在你面前，你卻不知道我愛你」，而世界上最「尷尬」的距離則是「我站在你面前，告訴你我愛你，但你卻說你已是人妻」。

詩歌結尾，完全沒有描述使君聽完之後的反應，顯現出他無言以對的窘狀，讀者彷彿可以想像他臉上一陣紅一陣白的模樣，整首詩瞬間演成了「喜劇小品」。

其實，〈陌上桑〉從頭到尾，都沒有一個字直接描寫秦羅敷的五官、長相，只是透過路人的反應，側面烘托出羅敷的美貌。但是，羅敷面對使君的搭訕，大無畏的直接罵他「愚」，足見羅敷的勇氣。而羅敷滔滔不絕的盛讚自己的夫婿，尤其提到他位居高官，是為了讓使君知難而退，足見羅敷的智慧。

這樣一位智勇雙全的女性，她的外貌多美麗已經沒那麼重要，我們透過這首詩看見她的內在美，才是最難得的。

自古以來，中國女性大多被要求必須溫柔婉約、溫和順從。秦羅敷用這個標準來看，似乎太「有個性」了。她義正辭嚴，直接斥責對方，看起來完全是個「不好惹」的「嗆辣系美女」。

但最有意思的是，樂府詩敘述這段故事時，完全不加批評，甚至帶點讚許之意。看來，當時的百姓，無論是現場觀賞完，還是聽說了這場「美女罵官」的「好戲」，似乎都在內心竊笑，並且偷偷為羅敷鼓掌呢！

現代人遇到不喜歡的人來糾纏、騷擾，如果不想要委婉的「發好人卡」：「你很好，但是我的另一半更好！」

那麼早在漢朝的羅敷，已經做出了示範：堅定的表達自己的立場，「直球」拒絕吧！

有笑國文課

師：「羅敷有夫」的典故來自一首樂府詩，內容是一個大美女叫做羅敷，有個路過的官員看她漂亮，跟她搭訕，羅敷就說：「抱歉，我有老公了，而且我老公啊……」

生：我知道！她老公叫做「羅敷（浮）公（宮）」！

師：哈哈哈！這個好笑耶！

MEMO

古詩：
我的情意總是輕易就洋溢眼底

★ 國學有嘻哈 ★

漢代樂府盛，文人爭模仿。
古詩多抒情，可誦不可唱。
人生何其短，感懷吐憂傷。

★ 「古詩」的自我介紹 ★

漢武帝喜歡「樂府詩」，大家為了讓漢武帝高興，
就爭相模仿寫樂府詩，但並不是每個文人都擅長音樂啊，
所以，我——「古詩」就誕生了！
我是來自文人模仿樂府寫作，卻不能搭配音樂的作品。

我的外表和樂府看起來有點像，但我的文人老爸們，
特別多愁善感，所以我的內容和樂府不太一樣，
通常都是在抒發情感，很少講故事。

雖然我不擅長唱歌，但我是朗誦比賽第一名。
每句話大多都是整整齊齊的五言或七言。

至於整首詩有多長？自由發揮囉！
我和樂府被稱為「漢代詩歌雙璧」，
也就是漢朝詩歌界裡，兩塊閃亮亮的寶石啦！

秉燭夜遊：
古人也玩「深夜大冒險」？

跟著詩歌學成語

古詩十九首之十五〈生年不滿百〉

生年不滿百，常懷千歲憂。

晝ㄓㄡˋ（白天）短苦夜長，何不秉燭遊！

為樂當及時，何能待來茲ㄗ（來年）？

愚者愛惜費（錢財），但為後世嗤ㄔ（嘲笑）。

仙人王子喬，難可與等期（同等的期待）。

1. 秉燭夜遊：感嘆時光易逝，須手持蠟燭在夜裡遊樂。比喻及時行樂。
2. 及時行樂：把握時機，尋歡作樂。

直播室，講故事

東漢的中後期，外戚ㄑㄧ和宦ㄏㄨㄢˋ官輪流掌權，政治腐敗。亂世，卻成為文學創作的搖籃。舉凡被放逐的有才之士、被拋棄的妻子、生離死別的朋友、被迫遠走他鄉的遊子等各種傷心人，都有話要說，於是出現了「古詩十九首」。

這十九首詩大約出現在東漢時期，並非一人、一時、一地之作。這些詩沒有華麗花俏的詞語，只有自然流露的真情實感，所以，即使不能確定作者是誰，仍然代表了當時五言詩的最高成就，也對後代產生巨大的影響。

由於東漢接連發生地震、風災、水災、旱災等，對老百姓的身家安全造成極大威脅，再加上小人當道、戰亂不斷，甚至還有瘟疫！從大臣到平民，人人自危，過著「不知道明天先來，還是死亡先到」的生活。

因此，這十九首詩，動不動就感嘆起「人生短暫」。例如：「人生天地間，忽如遠行客」、「人生寄一世，奄忽若飆塵」、「人生非金石，豈能長壽考」、「浩浩陰陽移，年命如朝露，人生忽如寄，壽無金石固」……

如果在中國文學史上舉辦一個以「時間流逝」為主題的寫作比賽，「古詩十九首」應該可以拿到「團體組」第一名。

當我們意識到生命是有「期限」的時候，有人會感時傷逝，有人則會發憤圖強，不過，在古詩十九首中，出現一類很特殊的聲音，就是要「及時行樂」，例如第十五首詩〈生年不滿百〉的內容：

一個人一輩子大概活不到一百歲，卻懷抱著千年那麼長的愁思。白天那麼短暫而黑夜那麼漫長，大家何不拿起蠟燭一起夜遊呢？時光飛逝，玩樂就是要趁現在，怎麼可能等啊等，等到明年再做自己想做的事？

只有笨蛋才會守著錢財，那些身外之物，生不帶來，死不帶去，爲了錢而斤斤計較的人，一定會被後人恥笑。有錢沒什麼了不起的，如果能像仙人王子喬那樣長生不死，那才讓人羨慕呢！可惜，那是我們很難達成的心願，我們怎麼可能像仙人一樣的長壽呢？

雖然看似鼓勵大家把握當下，享受現在，但整首詩卻瀰漫著一種「偽積極」的氣息：「反正快要死了，感傷沒有用，努力也不能改變什麼，不如大家一起狂歡吧！」看起來像是準備要「一路玩到掛」，「秉燭夜遊」不過是「夢想清單」中，平常不會做的事之一。

一般認為這首詩，最能明顯看出古詩模仿樂府的痕跡，請看以下這首樂府詩〈西門行〉：

出西門，步念之：今日不作樂，當待何時！

逮（ㄉㄞˋ）爲樂，逮爲樂，當及時，

何能愁怫（ㄈㄨˊ）鬱，當復待來茲。

釀美酒，炙㞢肥牛，請呼心所歡，可用解憂愁。

人生不滿百，常懷千歲憂，

晝短苦夜長，何不秉燭遊！

遊行去去如雲除，弊車羸ㄌㄟˊ馬爲自儲。

除了出現一模一樣的語句，因為「時間焦慮」而鼓勵「及時行樂」的想法也很相似。不過，因為古詩不用搭配音樂，每句話的字數能做到整整齊齊的五言，加上還用到「王子喬」的典故，所以看起來是受過文人修飾的作品。

唐朝李白的名篇〈春夜宴從弟桃花園序〉，提到：「而浮生若夢，為歡幾何？古人秉燭夜遊，良有以也。」多少也受到了漢朝這些作品的影響。

然而，無論樂府、古詩還是李白的散文，他們的「及時行樂」頂多喝點美酒、吃點美食，或是朋友間吟詩談文，即使夜遊，做的都還是賞花、賞月之類的風雅之事。最終的目的，是在亂世或不得志的時候，尋求一種精神上的超脫。

現代人的「及時行樂」則有兩種，一種是追求極度的感官刺激，另一種則是在「努力」和「躺平」中間，選擇了「努力躺平」，這兩種態度和古人還是大相逕庭的。

古詩

有笑國文課

師：你為什麼在考試時間跟隔壁的 XXX 吵架？

生：他在考試時間找我玩「真心話大冒險」。

師：那你拒絕他，或是舉手跟老師報告就好了，怎麼把他罵哭了？

生：他要我說的真心話是考試答案，大冒險是把考卷直接給他看。

師：（大吼）XXX，你過來！

MEMO

百無聊賴：
蔡文姬竟然是「無聊始祖」、「厭世女王」？

跟著詩歌學成語

〈悲憤詩〉（節選）　蔡琰ㄧㄢˇ

去去割情戀，遄ㄔㄨㄢˊ征（疾行）日遐ㄒㄧㄚˊ（遠）邁（走）。
悠悠（遠）三千里，何時復交會？
念我出腹子，胸臆ㄧˋ爲摧敗。
既至家人盡，又復無中外（指親戚）。
城廓ㄎㄨㄛˋ爲山林，庭宇生荊ㄐㄧㄥ艾。
白骨不知誰，縱ㄗㄨㄥˋ橫莫覆蓋。
出門無人聲，豺ㄔㄞˊ狼號ㄏㄠˊ（嚎叫）且吠。
煢ㄑㄩㄥˊ煢ㄑㄩㄥˊ（孤獨）對孤景（影子），
怛ㄉㄚˊ咤ㄓㄚˋ（悲痛哭喊）糜ㄇㄧˊ（爛）肝肺（指傷心）。
登高遠眺ㄊㄧㄠˋ望，魂神忽飛逝。
奄ㄧㄢˇ（忽然）若壽命盡，旁人相寬大（寬慰）。
爲復強ㄑㄧㄤˇ（勉強）視息（活著），雖生何聊賴。

1 生何聊賴：反問語氣，表示沒有依靠，沒有生存的樂趣。聊賴：依賴。後來成語多用「百無聊賴」，表示精神上無所寄託，感到什麼都沒意思。

古詩

直播室，講故事

現代人的生活常被各種聲光效果綁架，只要拿掉這些電子產品，就會很容易覺得：「好無聊喔！」

「無聊」的「聊」，本義是「依靠」，所以「無聊」是指精神沒有寄託。但是中國古詩最早提及的「無聊」，並不是沒事做，而是用一種厭世的口氣吶喊：「生何聊賴——我要靠什麼活下去？」

蔡琰〈悲憤詩〉中的「生何聊賴」，是真正的「生無可戀」。

〈悲憤詩〉是中國文學史上第一首自傳式的五言長詩，整首詩有一百零八句，描述東漢第一才女蔡琰在動亂時期的悲慘遭遇。

蔡琰，又名蔡文姬，是蔡邕的女兒，出自書香世家，而且繼承了父親高超的音樂才能。第一次婚姻，還沒生下孩子，丈夫便過世，於是回到家中守寡。

沒想到，東漢末年，董卓作亂，加上胡人進攻，民不聊生，而蔡琰慘遭俘虜。〈悲憤詩〉描寫當時「馬邊懸男頭，馬後載婦女」，一眾士兵燒殺擄掠，還動不動辱罵、杖打俘虜。活著的婦女，失去做人的尊嚴，失去求生的意志，但能做什麼呢？

「旦則號泣行，夜則悲吟坐。欲死不能得，欲生無一可。」

白天哭泣，晚上哀嚎，叫天天不應，叫地地不靈，求生不得，求死不能。以為地獄就在眼前，沒想到地獄竟然還分十八層。蔡琰被迫為南匈奴王生了兩個兒子，在匈奴受盡凌辱，整整十二年。

天下稍定之後，曹操作為蔡邕的老友，痛心蔡邕只剩一個女兒，而且還流落在外，所以派遣使者，重金贖回蔡琰，並為她安排了一個對象再嫁。

可是，對蔡琰而言，如果要回到中原，就必須要割捨掉自己的孩子，如果要陪在孩子身邊，就得繼續忍受不被當人看的生活。

更別說天真的孩子還跑來抱著她問：「媽媽，你要去哪裡？有人說你要離開。你走了之後還會回來嗎？媽媽你不愛我了嗎？你怎麼忍心拋下我呢……」

然而接她返鄉的馬車就在眼前，最後，她仍痛下決心，要回中原。只是她萬萬沒料到，踏上故土，家鄉早已面目全非，家人盡數喪命，只剩她一個。天地遼闊，她卻無依無靠，失去活下去的意義：

終究是離開了，我割捨掉母親對孩子的深愛，一天又一天，走得更快、更遠。這距離如此遙遠，我們母子何時才能再相見呢？孩子是我的親生骨肉，離開他們，我的心就像撕裂一般的疼痛。

回到中原之後，我才發現，至親都已經過世，連表親都沒了。故國的城郭早已不復曾經的繁華，家中的庭院也長滿了艾草、荊棘，縱橫交錯著不知名的白骨，沒有人安葬。出門聽不見人聲，只有豺狼嚎叫。人事全非，我孤獨的對著自己的影子，撕心裂肺的痛哭悲喊，卻什麼都喚不回了。

我失魂落魄的登高遠望，看得見的故土已經不是從前的模樣，看不見的異鄉有我再也無法團聚的骨肉，我也要活不下去了。奄奄一息的模樣像是快要不久人世，一旁有人看見，相繼來安慰我，要我放寬心，要我放下。我勉強張開眼睛，選擇繼續苟活，可是，我要依靠什麼活下去呢？

古詩

在這個人人都輕易把「厭世」掛在嘴上的時代，如果要追本溯源找到「厭世始祖」，大概可以一路上溯到屈原。屈原在汨羅江縱身一躍，尚且贏得了「愛國詩人」的美名，那是因為作為一名「貴族男性」，他具有為自己發聲的權利與能力。可是，多少女性在歷史上被迫無聲，如果真有才能、有勇氣，寫出自己生不如死的經歷，還會受到懷疑：「這名女子真的有能力寫出那麼感人的作品嗎？不是男性代寫的嗎？」甚至有人罵她：「女子在蠻夷之邦失節還敢苟活？還有臉寫出來公諸於世？」這樣的多重壓迫，讓人怎麼不厭世？

亂世之中，活著比死更需要勇氣。然而，最讓人動容的是，縱使「百無聊賴」，她仍選擇堅強的活下去。

蔡琰寫了兩首〈悲憤詩〉，除了上面這首五言詩，還有一首以騷體寫成。此外，傳說中她自己作詞作曲的琴歌〈胡笳十八拍〉，也刻劃她的經歷與心境。雖然歷史上對於這些作品是不是她寫的，頗有爭議，但這首女性悲歌背後的字字血淚，依然讓千年後的我們熱淚盈眶，並由衷尊敬。

有笑國文課

師：蔡琰，就是歷史上鼎鼎大名的才女「蔡文姬ㄐㄧ」。古代女子的名字，很常在姓氏後面加一個「姬ㄐㄧ」，意思是美女，例如「虞ㄩˊ姬ㄐㄧ」，又叫「虞美人」。

生：喔——老師，所以如果我覺得妳很漂亮，就叫你「李姬」囉！

師：再加點糖醋醬，就變成「糖醋里肌」囉，呵呵！

奇文共賞：

陶淵明不為五斗米折腰，卻為「它」搬家？

跟著詩歌學成語

〈移居〉二首之一　陶淵明

昔欲居南村，非爲卜（占卜）其宅。

聞多素心人（心地樸素的人），樂與數晨夕。

懷此頗有年，今日從茲役（這個活動，指搬家）。

敝廬（破敗的屋子）何必廣，

取足蔽牀蓆（床和草蓆）。

鄰曲（鄰居）時時來，抗言（高談闊論）談在昔（過去）。

奇文共欣賞，疑義相與析（分析）。

1 奇文共賞：大家共同欣賞奇特美妙的文章。

古詩

直播室，講故事

東晉時候的陶淵明，名為陶潛，是中國史上的隱逸詩人之宗，田園詩人之祖。他出身書香世家，曾祖父是東晉初年有名又有德的陶侃ㄎㄢˇ，曾經權傾一時，這背景多少成就了陶淵明的底氣和素養。

但陶淵明並不是做官的料，官場文化中各種黑暗面，人情關說、財物賄賂、巴結長官……都讓他心生厭煩。因此他毅然決然的辭官，歸隱山林，種田維生，「不為五斗米折腰」。大概就是一種「我是想站著，還把錢掙了」的態度，不願意為了一點微薄的薪水，做個連自己都看不起的人。

他回到大自然的懷抱後，創作了許多歌詠田園風光、隱逸生活的作品，雖然用語淺白，並不是當代的「偶像」，卻是無數後人「偶像的偶像」。例如宋朝蘇東坡就是他的「狂粉」，模仿陶淵明寫作的「和ㄏㄜˋ陶詩」高達一百多首。還有寫出千古名句「問世間情是何物，直教生死相許」的元好問，曾讚嘆陶淵明：「一語天然萬古新，豪華落盡見真淳。」強調他不加雕飾的風格，在推崇華麗詞藻的六朝，獨樹一格。例如最陶淵明最知名的作品〈飲酒．其五〉：

結廬在人境，而無車馬喧。
問君何能爾，心遠地自偏。
採菊東籬下，悠然見南山。
山氣日夕佳，飛鳥相與還。
此中有眞意，欲辯已忘言。

「心遠地自偏」的智慧、「採菊東籬下，悠然見南山」的畫面、「此中有真意，欲辯已忘言」的境界，彷彿與大自然融合，平淡卻寧靜祥和。

描述日常生活的〈移居〉二首，則來自某天，陶淵明的老家慘遭祝融之災，八、九間草屋被火舌吞噬，他因而無家可歸，還搬到船上住了兩年。他卻沒有怨天尤人，而是開開心心的搬了家，並寫詩紀念：

從前想要搬家搬到南村來，並不是卜卦算到這裡是什麼風水寶地，而是聽說這裡有很多純樸的人，我多麼樂意與他們共度日夜晨昏！

這樣的念頭已經想了很多年，今天終於完成了這件大事。

房子簡樸能住就好，何必太大呢？只要能擺張床、鋪張草蓆，我就滿足了。最重要的是，鄰居常常會來我家，和我一起高談闊論，論古說今。看到好的文章，大家還會拿來一起欣賞，有什麼不懂的地方就共同討論、分析，以文會友，共享讀書之樂。

從詩中可以看出陶淵明的生活並不富裕，只能住在簡樸狹小的屋舍。要知道他在〈責子詩〉中說過，他有五個兒子，而且一個個都是不讓人省心的「熊孩子」，加上他的老婆，和不知幾個女兒，全部要擠在一間小房子裡。

可是他用「何必廣」表示，他對於居家空間的要求不高，甚至只要有「牀蓆」就夠了，這根本是現代「極簡」風裝潢的鼻祖。

他在〈移居〉裡花了更多筆墨寫的是鄰居。從搬家之前的憧憬，到後來的美夢成真，最驚喜的是，以前只能和附近農民聊點「桑麻」的農事，而新家的「社區活動」竟然是可以「奇文共賞」的「讀書會」。鄰居是知識分子，不僅有品味看出哪裡「奇」，還有能力「疑義相與析」！字裡行間，我們能感受到陶淵明內心的喜悅，並了解他的價值觀：他重視精神生活，遠勝過物質生活。

對照他的「心遠地自偏」，以及「敝廬何必廣」，可以發現，他是一個超越表象的人，他不斷挖掘自己的內心深處，探索自己精神層次真正想要的。即使他曾經貧窮到要跟人乞討，但他也以〈乞食〉詩，真實的紀錄了他的生活。難怪史傳會以「任真自得」來評論他。

現代人以各種社群媒體為「櫥窗」，展露自己的「人設」，無論炫富或炫「腹」，「觀眾」只能看到這些經過妝點、挑選的照片、文章，看不到櫥窗背後可能的醜陋。

文學作品，也像是古代文人的櫥窗，大家都想讓讀者看見好的那一面。就算要說自己哀傷，也會用上各種典故、修辭表現才華；就算要說自己貧窮，也會表現自己安貧樂道。檯面上的文字，不能等於文人的私生活。

因此，陶淵明的作品最可貴之處，在於他連自己最窘迫的處境，也坦然面對，不加掩飾的寫。他的詩，不是櫥窗，不是舞臺，更像是生活小日記，不是為了引人注意而寫，只是不小心被後代讀者窺探到。乍看之下並不吸引人，細細品味後才能體會，原來他的作品就是生活最真實的滋味。

這份真誠，在整個文學史上，是難得的清流。雖然直到唐宋時期才獲得推崇，但幸好他的作品流傳至今，讓我們有機會學習：以「心」為開關，就能決定自己的「視」界。

有笑國文課

師：各位認為陶淵明為什麼「不為五斗米折腰」呢？

生1：五斗米太少？

生2：他的腰閃到？

生3：他得了僵直性脊椎炎？

師：陶淵明靠的不是腰，是骨氣！

唐詩：時代無法淘汰我霸氣的皇朝

★ 國學有嘻哈 ★

唐朝近體詩，格律要求嚴。
必定四八句，只能五七言。
邊塞田園事，寫實浪漫篇。
巨星是李杜，詩作永綿延。

★ 「唐詩」的自我介紹 ★

我，代表了詩歌的黃金年代，
我集合了《詩經》、《楚辭》、樂府、古詩的所有優點。
只要在我這個時代寫的，都可以叫作「唐詩」。

但是在唐朝，我變得越來越不自由，
而限制最多的一種詩，叫作「近體詩」，
必須符合「格律」的種種要求，
「格律」，就是寫詩的規矩和限制。

沒想到限制那麼多，反而出現史上最大型「詩人天團」：
山水田園派的王維、孟浩然，邊塞派的高適、岑參、王昌齡、
王之渙，人稱「李杜」的詩神李白、詩聖杜甫。
提倡「新樂府運動」的社會寫實派，白居易、元稹，奇險派的韓愈、孟郊、賈島、李賀，還有人稱「小李杜」的李商隱和杜牧……
哈哈！我果然是詩歌最強時代，沒有之一！

一片冰心：
有種冷，叫做我的心覺得冷？

跟著詩歌學成語

〈芙蓉樓送辛漸〉二首之一　王昌齡

寒雨連江夜入吳，平明送客楚山孤。

洛陽親友如相問，一片冰心在玉壺。

1 一片冰心：比喻人冰清玉潔、恬靜淡泊的性情。

冰心：清潔的心。也作「冰心玉壺」。

唐詩

直播室，講故事

盛唐時期，國力強盛，無論是經濟或軍事方面，都以絕對的實力輾壓來犯的匈奴，文人也紛紛寫起了「邊塞詩」，展現泱泱大國的氣勢。其中能以短短二十八個字的七言絕句，就精簡勾勒出「盛唐氣象」的詩人，非王昌齡莫屬。

王昌齡，有個響噹噹的稱號，叫做「七絕聖手」。比方說後世稱為唐代七絕的「壓卷之作」——〈出塞〉其一：

秦時明月漢時關，萬里長征人未還。
但使龍城飛將在，不教胡馬度陰山。

一開頭，便如同巨幅捲軸般，在桌上攤開了千年的悠遠與萬里的浩闊，月光是最好的聚光燈，在長城的歷史舞臺上，出征的主角們卻在不同的時代，上演著同樣的悲劇。因此詩人慨嘆，如果能有一名像衛青、李廣等驍勇善戰的將軍，胡人就不敢進犯，百姓也才能過上真正太平的日子。

雖然結尾帶著感嘆，但是「不教胡馬度陰山」的口氣悲壯，不是小情小愛的幽怨嘆息。再看看他的名句：「黃沙百戰穿金甲，不破樓蘭終不還。」黃沙滾滾的戰場上，戰士們身上的盔甲在烈日下閃耀金光，而且一個個壯志凌雲，發誓一定要大破敵軍，凱旋而歸。

王昌齡最厲害的是，他一手能寫這樣豪情萬丈的邊塞詩，一手還能寫柔情似水的「閨怨詩」，例如他知名的〈閨怨〉：

閨中少婦不知愁，春日凝妝上翠樓。
忽見陌頭楊柳色，悔教夫婿覓封侯。

描寫天真浪漫的年輕女子，盛裝打扮，在如詩如畫的春日等待夫婿回家，直到驚覺時光飛逝，才後悔自己為何要勸夫婿上戰場立功，而自己的美貌如同春光一樣，無人欣賞，將白白逝去。這首詩寥寥幾句，就細膩的刻劃出女子從少不更事，到悔不當初的心境變化。

真正的寫作高手，無論什麼題材、什麼風格，都能駕馭，而且無須長篇大論，也無須堆砌詞藻，就能展現超群絕倫的才華。王昌齡，何止是高手，「聖手」稱號，當之無愧，甚至有人稱他為「詩家夫子」、「詩家天子」！

然而，歷史上所有才高八斗的文人，幾乎都會遭受到相同的命運，就是有人看他不順眼，到皇帝面前說他壞話。唐朝皇帝也落入相同的套路，聽完讒言後，很生氣的說：「貶(ㄅㄧㄢˇ)他！」而且王昌齡還被貶了一遍又一遍。有一次，他的好朋友辛漸來看他，看完他之後就要回洛陽，王昌齡忍不住寫下：

寒夜的雨，淒迷的籠罩在吳地的江面之上，「滴滴答答……」像是誰在哭泣，勾動了我依依不捨的離情。當清晨的光劃破長夜，我就要目送你離開，只留下處境孤獨的我，一如孤獨的楚山佇立。

如果你回到洛陽，有親朋好友問起我，就請轉告他們：我的心冰清玉潔，像是放在玉壺那樣澄澈晶瑩，不曾受過玷汙，不曾因爲別人的詆毀而改變我的志向，我還是原來的我。

雖然這是一首送別詩，可是最後兩句話才是關鍵。「洛陽」，是回不去的地方，也代表了回不去的地位。「親友如相問」，是內心隱隱然希望仍有人關心，同時也暗藏了一絲「我混得不好」的羞愧。沒想到最後一句筆鋒一轉，不去直接回應別人的慰問，而是用「一片冰心在玉壺」來做為自我宣言。

六朝時期，詩人鮑照，就曾經以「清如玉壺冰」比喻人品的高潔清白，然而王昌齡的「一片冰心在玉壺」，像是捧著一顆真心，希望別人睜大眼睛好好看看：「我明明像冰一樣的清白潔淨，如玉一般溫潤高貴，為什麼受傷的總是我？但請你們相信我！我就是我，不會因為別人給我潑髒水而改變的！」

可惜王昌齡當時不懂，有些事，對喜歡你的人不用解釋，對不喜歡你的人，解釋也沒有用。

又過了幾年，王昌齡再次受到誣陷，被貶到龍標這個地方。他在這裡任職時間最長，八年間為百姓做了很多事，因此後世也用「王龍標」來稱呼他。王昌齡的「一片冰心」最終還是遭到踐踏，不得不心寒，不得不心灰意冷。

古人說，人生短暫，想要能夠名留千古，只能靠著「三不朽」：立德、立功、立言，也就是要有品格、能建功立業、留下文字作品。王昌齡雖然命運坎坷，然而「一片冰心」展現他始終如一的氣節，「王龍標」這個稱號見證了老百姓對他的愛戴，而他曾寫下的那些精緻絕句，像是濃縮咖啡一樣，濃郁香醇，足以回味千百年。

有笑國文課

師：大家背過一首很有名的唐詩嗎？「洛陽親友如相問」，下一句是……

生：「請你不要告訴他」。

師：好吧，你們沒有背過。

MEMO

春樹暮雲：
杜甫是李白的鐵粉，或者只是蹭熱度？

跟著詩歌學成語

〈春日憶李白〉　杜甫

白也詩無敵，飄然思不群。
清新庾ㄩˇ開府，俊逸鮑ㄅㄠˋ參ㄘㄢ軍。
渭ㄨㄟˋ北春天樹，江東日暮雲。
何時一樽ㄗㄨㄣ酒，重與細論文。

1 春樹暮雲：春天的樹，日暮的雲。杜甫在渭北看到春樹，便憶起在江南的李白見到的是暮雲。後用來表示思念遠方友人。

直播室，講故事

唐玄宗天寶三年（西元 744 年，去死死？），是中國詩歌史上最值得記載的一年，因為文學史上偉大的兩顆巨星交會了，迸發出耀眼的光芒。這一年，三十三歲的杜甫，

唐詩

結識了四十四歲的李白，兩人成了忘年之交。

當年，杜甫尚且沒沒無聞，李白已經名滿天下。所以杜甫抱著「小粉絲」的心情，時時表現出對「大明星」李白的崇拜。兩人一起喝酒遊玩、談論詩文，杜甫甚至喜孜孜的寫下他們「醉眠秋共被，攜手日同行」的好交情，能和偶像這樣「手連手，心連心，共創連體嬰」，這恐怕不只是「追星日記」，還是「炫耀文」！

兩人分開後的十五年間，杜甫寫了至少四十首想念李白的詩，詩的題目動不動就是「贈李白」、「懷李白」、「憶李白」、「夢李白」、「寄李白」。要不是古代還沒有「貼文帶標籤」這回事，否則大概就要懷疑杜甫居心不良，是在蹭李白的熱度了。至於李白，心思根本不在杜甫身上，「已讀不回」就算了，偏偏李白還大喇喇的寫下：「吾愛孟夫子，風流天下聞。」簡直是在杜甫的心上用力的插一刀。

不過，那可是李白！「有才就任性」的「詩仙」李白！大家看到他就想著「有神快拜」，而他只要負責接受大家的膜拜，收下眾人的膝蓋，哪管得到誰的玻璃心碎了一地呢？因此，「鐵粉」杜甫仍然不錯過任何表白的機會：

我哥李白的詩啊無人能敵，天下第一，如同仙人一般飄逸，凡人怎麼能和他相提並論呢？他的作品既有庾信的清新風格，又有鮑照的俊逸文氣，集合了兩大名家的優點。

而今，我卻只能看著渭北春天的樹想念你，我猜你在江東大概也正望著那黃昏的雲霞想念我吧！什麼時候，我們能再痛飲一杯，一起談詩論文呢？

杜甫不只有這首詩中的「春樹暮雲」，還有〈夢李白〉二首之一：「落月滿屋梁，猶疑照顏色。」濃縮成「落月屋梁」，以及〈天末懷李白〉：「涼風起天末，君子意如何？」化為「天末涼風」，都是因為觸景生情，想念李白而寫成的詩句，演變為「思念故人」的成語。

讀來其實有點心酸，尤其現代的「迷哥迷妹」會特別有共鳴。像是自己掏心掏肺寫了幾千字的心情，告訴偶像自己有多愛他，看到什麼都會想到他，但是最後卻發現自己的信和禮物，通通被丟到垃圾桶裡一樣。

玄宗末年（西元 755 年），爆發了安史之亂，大家都忙著逃難，包括李白和杜甫，誰還有心情顧得了這些呢？然而，杜甫卻因為這場戰亂，打開了另一扇寫作之門。

杜甫用一枝筆挑起了國家不可承受之重，像是一位「戰地記者」，用詩歌記錄百姓疾苦，在中國文學史上奠定了自己的重要地位。即使一生窮愁潦倒，他是「詩史」，是「詩聖」，他成為唐朝社會寫實派最重要的代表詩人。

戰後，李白卻因為參與了永王璘ㄌㄧㄣˊ的叛變失敗，差點遭到極刑，歷經牢獄之災後，死罪可免，活罪難逃，因而流放到夜郎。這段期間，杜甫還是寫了很多給李白的詩，卻好似被戰亂和故人的噩耗，折磨得白了頭，字裡行間滿是滄桑與悲涼：「死別已吞聲，生別常惻惻。」「故人入我夢，明我長相憶。恐非平生魂，路遠不可測。」「冠蓋滿京華，斯人獨憔悴。」想當年，那個仙風道骨的才子李白，是如何的意氣風發，而今從別人嘴裡聽見的，卻是他倉皇入獄，落魄流放的慘狀。曾經景仰的偶像竟落得如此下場，叫人怎能不傷懷呢？

杜甫崇拜李白，不屬於一時盲目的「腦粉」，而是「真愛粉」，當所有人都在非議李白，甚至落井下石的時候，只有杜甫繼續為他「應援」：

不見李生久，佯ㄧㄤˊ狂眞可哀。
世人皆欲殺，吾意獨憐才。
敏捷詩千首，飄零酒一桮ㄅㄟ。
匡山讀書處，頭白好歸來。

杜甫對李白必須要裝瘋賣傻才能活命感到悲哀，也為世人對他喊打喊殺抱不平。詩裡不忘再次讚揚李白的詩才有多驚人，給他鼓勵。結尾則像是聲聲呼喚，殷殷期盼著李白早日歸來，兩人攜手，一起回到當年最好的時光。

可是杜甫，回不去了。這首詩的題目〈不見〉，彷彿預告了他們的結局，隔年李白的死訊傳來。李杜當年一別，「生離」十五年，杜甫試圖用無數思念的詩句，去填補彼此之間的空白，但最後換來的卻是「死別」，來不及說再見，就再也不見了。

有笑國文課

師：「春樹暮雲」這個成語，是寫杜甫看到春天的樹就想到李白，表示非常思念他。說不定你們畢業以後，看到什麼樹也會想到老師？

生：尤加利樹。

師：咦？為什麼？

生：有毒，吃多了想睡覺。

師：你們這群無尾熊！

一無所知：
唐朝也有富二代，靠爸躺平當廢柴？

跟著詩歌學成語

〈悲哉行〉　白居易

悲哉ㄗㄞ為儒者，力學不知疲。
讀書眼欲暗，秉筆手生胝ㄓ（長繭）。
十上方一第，成名常苦遲。
縱ㄗㄨㄥ有宦ㄏㄨㄢ達者，兩鬢ㄅㄧㄣ已成絲。
可憐少壯日，適在窮賤時。
丈夫老且病，焉用富貴為？
沉沉朱門宅，中有乳臭兒。
狀貌如婦人，光明膏粱肌。
手不把書卷，身不擐ㄏㄨㄢ（穿）戎ㄖㄨㄥ衣（軍裝）。
二十襲封爵，門承勳ㄒㄩㄣ（功勳）戚資。
春來日日出，服御ㄩ（馬車）何輕肥。
朝ㄓㄠ從博（賭博）徒飲，暮有倡樓（青樓）期。
平封（賣掉家產）還酒債，堆金選蛾眉（美女）。
聲色狗馬外，其餘一無知。

唐詩

山苗與澗ㄐㄧㄢˋ松，地勢隨高卑。

古來無奈何，非君獨傷悲。

1. 聲色狗馬：比喻不務正業的荒淫享樂。聲色：歌舞和女色；狗馬：養狗和騎馬。後來二語連用；形容荒淫無恥的生活方式。也作「狗馬聲色」、「聲色犬馬」。
2. 一無所知：什麼都不知道。

直播室，講故事

安史之亂後的中唐時期，社會寫實派興起，例如「元、白」提倡「新樂府運動」，強調「文章合為時而著ㄓㄨˋ，歌詩合為事而作」，就是要用文學的力量關切時事。

其中「詩魔」白居易尤其受到尊崇，他的文詞淺近，要求自己做到「老嫗ㄩˋ能解」，但他批判階級差異、貧富差距、上位者剝削百性等諷諭性作品，卻具有高度的人文關懷。他的作品不僅在華夏地區傳頌，也流傳到日本、韓國，是中國歷代詩人之中，影響力數一數二的。白居易過世後，唐宣宗悼念他寫道：「童子解吟長恨曲，胡兒能唱琵琶篇。」詩作廣為流傳的程度，可見一斑。

他的知名作品，除了〈長恨歌〉描繪唐玄宗和楊貴妃刻骨銘心的愛情、〈琵琶行〉抒發與琵琶女「同是天涯淪落人」的感傷，還有〈買花〉諷刺貧富差距、〈賣炭翁〉勾勒小老百姓在寒冬做小生意卻被官員欺凌的慘事、〈新豐折臂翁〉記錄當時男子寧可斷一隻手逃避兵役，也不願上戰場送一條命……

以下這首〈悲哉行〉，則反映唐朝「上品無寒門，下品無士族」的門閥制度，對一般百姓是如何的不公平：

可悲啊我們這些書生，為了學習而廢寢忘食，讀書讀到兩眼昏花，寫字寫到手肘長繭。科舉可能要考十次才有機會考上，等到一舉成名就已經太晚了，即使及第了、當官了，人都已經白髮蒼蒼了。很可惜在我們最年輕力壯的時候，剛好就是我們最窮困卑賤的階段。男子漢大丈夫，又老又病了，飛黃騰達又有什麼用呢？

看看那扇刺眼的紅色大門，皇親國戚家裡那個乳臭未乾的小夥子，長得像個小姑娘，皮膚又白又亮，像是吃多了肥肉、喝多了美酒。人家不用捧著書讀，也不用披上戰袍上戰場，躺在家裡什麼都不用做，二十歲就可以繼承老爸的官位和土地。春天到了每天都出門，衣服多麼輕便，馬車多麼帥氣，你以爲他要去做什麼大事？他早上去賭博喝酒，晚上和青樓女子約會，沒錢了就賣掉家產還酒債，有錢就拿著銀兩去青樓做大爺，挑選美女來相陪，除了吃喝玩樂，他們什麼都不會。

小草雖渺小，長在高山就高人一等，松樹雖高大，長在溪邊就矮那山上的草一截。人也是這樣的，無關乎你本來的資質才能，你一開始生在什麼樣的家庭，就決定了你的地位尊卑。自古以來都是如此令人無奈，不是只有你一個人爲此感到悲哀。

用現代的眼光來看，這首詩實在是有點像「酸民」發言，不過倒也是「高級酸」。詩裡的第一部分寫出當時儒生想透過科舉平步青雲有多困難，第二部分描述「官二代」、「富二代」們，只要「躺平」就可以輕易當官，腦袋空空，卻荷包滿滿，明明是「廢柴」，卻有花不完的錢財。

讀書人十年苦讀卻一事無成，乳臭兒「一無所知」卻極盡享樂，兩相對比，尖銳的諷刺階級差異。這是白居易慣常使用的寫作手法，尖酸犀利。

不過，金字塔頂端的人畢竟是少數，所以這樣的詩歌為廣大的平民百姓發聲，自然引起強烈的共鳴，連現代人讀完可能都會忍不住贊同：「對對對！憑什麼有些人一出生就是人生勝利組，我們一輩子只能當『魯蛇』？」

最後一部分，是白居易的感想。「山苗」比喻乳臭未乾的「白富美」，「澗松」則是比喻平民百姓的子弟。他感嘆門第制度讓中下階層難以翻身，含著「金湯匙」出生的紈褲子弟，卻沒有後顧之憂，任性的生活著。這首詩不只批判當時的社會問題，字裡行間也藏著他自己的不甘、不平與不滿。

白居易的社會寫實詩，繼承杜甫的寫作風格，像是「報導文學」似的，焦點鎖定大時代裡的小人物，讓原本可能湮沒在歷史中的無名小卒們，有機會在「眾生相」裡占一席之地。

文學無用嗎？社會寫實派的作品，承載著千百年來平民百姓的血淚，讓讀者足以感受到文學的重量。

有笑國文課

師：大家都聽過白居易，那你們知道白居易最好的朋友是誰嗎？

（眾人沉默）

師：大家跟白居易不熟嗎？小白啊！小白的好朋友是誰？

生：蠟筆小新？

師：元稹ㄓㄣˇ啦！兩個並稱「元白」啊！你們以為我說的小白是那隻棉花狗嗎？

MEMO

MEMO

宋詞：
有沒有那麼一首歌，會讓你心裡記著我

★ 國學有嘻哈 ★

長短句，全盛於宋代。
柳永歐陽李清照，婉約柔美訴悲哀，
蘇辛豪放派。

★ 「宋詞」的自我介紹 ★

我是「詞」，外號非常多。
我是倚靠音樂聲而寫的歌詞，所以叫「倚聲」；
旋律起起伏伏，歌詞跟著長短不一，所以叫「長短句」；
加上我和近體詩、樂府詩有血緣關係，所以叫「詩餘」；
又是能唱的音樂文學，所以也叫「樂府」。

雖然我最常被叫作「宋詞」，但相傳李白是我爸，
所以唐朝就有我的存在。而且宋朝以前的五代時期，
已經出現了最強高手，「詞中之帝」李煜，李後主。

宋朝則是我的全盛時期，什麼風格都好看。
有時打扮得很柔美，稱為「婉約派」，有時打扮得很陽剛，稱為「豪放派」。
各位可千萬別用題目判斷，我的題目叫做「詞牌」，代表曲子名稱，
要看內容才能確定我是什麼派喔！
大家喜歡怎樣的我呢？

不堪回首：
皇帝被貶？卻靠著寫歌詞重返榮耀？

跟著詩歌學成語

〈虞美人〉　李煜

春花秋月何時了？往事知多少。

小樓昨夜又東風，故國不堪回首月明中。

雕欄玉砌應猶在，只是朱顏改。

問君能有幾多愁？恰似一江春水向東流。

1. 春花秋月：比喻美好的時光與景物。
2. 不堪回首：不忍再回憶過去的經歷或情景。
3. 雕欄玉砌：雕繪的欄杆，白玉般的石階。泛指富麗堂皇的建築。

直播室，講故事

要談宋詞之前，必須先認識一位宋朝之前的詞人，他就是被稱為「詞中之帝」的李煜。人家王昌齡「詩家天子」、李白「詩仙」之類的稱號，都只是一種比喻，李煜的「詞帝」之名卻是事實，他可是真正當過皇帝的詞人。

五代時期的南唐，帝王之家誕生了一個相貌奇絕的寶寶，他的額頭又高又寬，一隻眼睛裡有兩個瞳孔，長了牙，牙齒還前後疊著長。一般父母看見孩子這個模樣，大概要嚇壞了，但是古人相信這樣的長相，將來是要幹大事的呀！這就是李煜，南唐中主李璟ㄐㄧㄥˇ的第六個兒子。

原本繼位當皇帝這等大事，是怎樣都輪不到他的，天塌下來還有五個哥哥頂著，所以他成日吟詠風花雪月，飲酒作樂，過著富貴王爺的閒散日子。偏偏他的哥哥們一個個魂歸西天，所以中主駕崩後，李煜就繼位了。

但他就像「跑錯棚」，有當帝王的命，卻不是當帝王的料。史書記載他奢侈成性，把錢花在聲色狗馬的享受以外，還篤信佛教，大量興建佛寺。他在這個時期的詞作，也毫不避諱的描述宮廷的享樂生活，以及和他心愛的老婆——大周后之間的浪漫情事。即使大周后早逝，他身邊都還有大周后的妹妹——小周后陪伴。兩人製香、品茗、做菜……日子過得有滋有味，就是荒廢了政事。

當北方的宋太祖趙匡胤ㄧㄣˋ兵臨城下時，李煜「抱佛腳」都沒有用，不出一年的時間，就舉雙手投降，淪為俘虜，成為南唐的最後一個君王，人稱「李後主」。但在痛失家國後，他的詞風一變，悲淒蒼涼，開啟了「詞」的新境界。

正所謂：「國家不幸詩家幸，賦到滄桑句便工。」國家的不幸，是文學家最幸運的事，因為只要自然流露心境的滄桑，便能寫出最好的句子。例如李煜在亡國後寫下的：「剪不斷，理還亂，是離愁。別是一般滋味在心頭。」「胭脂淚，相留醉，幾時重？自是人生長恨水長東。」「獨自莫憑欄，無限江山，別時容易見時難。」「離恨恰如春草，更行更遠還生。」都哀傷而雋永。

宋太祖駕崩後，宋太宗趙光義即位，對李煜和小周后做盡各種羞辱之事。在李煜四十二歲生日這天，正是該在花前月下談情說愛的七夕，他曾經與大周后、小周后共度過多少纏綿浪漫的時光，如今卻人事全非，於是他有感而發的寫下最著名的〈虞美人〉：

春天絢爛的花，秋日皎潔的月，這些美景什麼時候就要與我告別了呢？不知道有多少往事，也都將要成爲過眼雲煙。

昨夜，小樓上又吹來了春風，在這皎皎皓月的映照下，我登樓望月，回想起故國的種種，卻無法承受回憶帶來的傷痛。

那精雕細琢的欄杆，那玉石打造的臺階，應該都還在原本的位置吧？只是那裡的人已經不在原本的位置。往事如同飛逝的時光漸漸遠去，我也日漸蒼老，不復當年的意氣風發。

啊！若是問我內心有多少愁緒？我只能說，就好像眼前滾滾東流的一江春水無窮無盡，綿綿不絕……

或許不曾擁有，都好過曾經擁有再失去，人生彷彿從天堂掉到地獄。所以他說「不堪回首」，因為回想起這段時間忍辱偷生的苦楚，再想到過去曾經享盡天下之極樂，如今都已化為泡影……這樣沉重的悲痛，誰能承受呢？

沒想到這闋詞竟成了李煜的「催命符」，因為宋太宗聽起來格外刺耳。李煜展現自己多有才華，就反襯宋太宗有多庸俗；李煜表露自己有多痛苦，就凸顯出宋太宗有多狠毒。而且還提到「故國不堪回首」，那就是沒有心悅誠服，心有怨恨就有可能要復仇，他如果振臂一呼，難保不會有人跟隨……

只能說文學的渲染力太強，以及想像空間太多，在「有心人」耳裡就會變調。宋太宗因而派人送去一杯名為「牽機藥」的毒酒，賜死李煜。

相傳「牽機藥」的毒發時，會全身痛苦的抽搐，整個人無法控制自己，身體會慢慢扭曲成不自然的模樣，最後頭腳相連，死狀甚慘。宋太宗連賜死，都不給李煜一個痛快，也不給他一個體面的死法。

一代「詞帝」李煜，寫遍人生各種歡愉，寫盡生命至痛至苦，沒想到，最後卻也因為他的詞作結束這大起大落的一生。

有人認為李煜空有藝術天賦，卻錯生在帝王之家，不能帶給百姓幸福。然而，若非他曾經當過皇帝享盡榮華富貴，若非他以九五之尊而國破家亡、淪為階下囚，怎可能另闢蹊徑，在詞的領域中成就「帝業」呢？而且憑藉文學，他那一江春水般的愁思，終究不會付諸東流，將會在後世代代傳唱，綿延不絕……

有笑國文課

師：你今天怎麼看起來那麼累？

生：老師你有所不知，我已經連著好幾天都熬夜趕報告，快要爆肝了。

師：唉！「問君能有幾多『肝』？恰似『一串鞭炮爆不完』。」

生：哎呀！好詩，好詩！

師：不，好「肝」，好「肝」！

大江東去：
蘇軾打卡不附圖，附上一首歌？

跟著詩歌學成語

〈念奴嬌〉赤壁懷古　蘇軾ㄕˋ

大江東去，浪淘ㄊㄠˊ（沖刷）盡，千古風流人物。

故壘（前人的營壁）西邊，人道（說）是，

三國周郎（周瑜）赤壁。

亂石穿空，驚濤拍岸，捲起千堆雪（浪花）。

江山如畫，一時多少豪傑。

遙想公瑾（周瑜）當年，小喬初嫁了，雄姿英發。

羽扇綸ㄍㄨㄢ巾，談笑間，

檣ㄑㄧㄤˊ櫓ㄌㄨˇ（指曹操的戰船，也作「強虜」，指曹軍）灰飛煙滅。

故國神遊，多情應笑我，早生華髮（白髮）。

人生如夢，

一尊（等於「樽」，酒杯）還酹ㄌㄟˋ（以酒灑地祭奠古人）江月。

1 大江東去：廣闊的江水向東奔流而去。比喻時光流逝不復返。

宋詞

2. 風流人物：英俊瀟灑、傑出的人物。
3. 江山如畫：形容山水風景如圖畫般美麗。
4. 羽扇綸巾：手持鳥羽做成的扇子，頭戴青絲便巾。形容態度從容不迫、瀟灑閒適。
5. 灰飛煙滅：像灰、煙般的消逝。比喻完全消失殆(ㄉㄞˋ)盡。
6. 人生如夢：人的一生如同一場夢，短暫而虛幻。

直播室，講故事

如果每個華夏子孫，非得說出五個史上最有名的文學家，所有人的名單裡一定都會有蘇軾，蘇東坡。蘇軾除了是個知名美食家，他的詩、賦、書、畫，樣樣精通，寫文章名列「唐宋八大家」，寫詞還開創了「豪放派」的寫法。

比方說，同樣寫長江，婉約派的代表柳永寫：「是處紅衰翠減，苒(ㄖㄢˇ)苒(ㄖㄢˇ)物華休。惟有長江水，無語東流。」用字遣詞比較講究，對比花草凋萎與長江的迢迢不斷，風格感傷幽怨。而蘇軾的〈念奴嬌〉，劈頭一句簡單的「大江東去」，直接寫出天高地闊，江河浩蕩，而且讀起來，音韻特別鏗鏘有力，聲調變化有如水流起伏，光是這四個字就已經足以代表豪放派的特色。

整闋詞懷古的內容，先描述眼前所見，波瀾浩闊的景象，再疊加上想像中，三國時赤壁的激戰場景，以時間的拓展，瞬間突破了肉眼的限制。而他真正「豪放」之處，不僅在於用字遣詞的氣勢、寫作風格的雄渾，而是思想上的灑脫不羈，且看〈念奴嬌〉：

長江浩浩湯(ㄕㄤ)湯(ㄕㄤ)的向東奔流，在歷史巨浪的不斷掏洗之下，只剩下那些英雄風采瀟灑，千年來屹立不搖。

往舊營壁的西邊看去，人們說那是三國時代周瑜曾與曹操大戰的赤壁。陡峭的石壁層層疊疊高聳入雲，驚人的浪濤重重的拍擊江岸，激起如雪的浪花，波瀾壯闊，聲勢浩大。這如畫的江山，曾經出現過多少英雄豪傑啊！

回想起當年的周瑜，剛娶回絕世佳人小喬，正是英姿煥發，豪情萬丈之時。他手持羽扇，頭戴綸巾，從容的談笑之間，強敵的戰船就燒得灰飛煙滅，化爲烏有。

而今的我來到此處，想像著當年激戰的場面，英雄們是多麼的意氣風發！他們若還在，大概會笑我太多情，頭髮都白了還談什麼壯志雄心。

人生有如夢幻泡影，終究是一場空，人再怎樣的豪情萬丈，再怎樣的風光一時，又有誰能永不殞落呢？唉！且讓我以手上的這杯酒敬這江水、這月夜，以及那些豪傑之士吧！

後半段「多情應笑我」，倒裝了「應笑我多情」，將「多情」當作主詞擬人化，不僅有創意，口氣還變得像內心的兩個自我，正在打趣的對話。

那個神遊故國，自作多情的「我」，回頭來嘲笑現實中的「我」：「只會一直說人家周瑜『好棒棒』，還能做什麼？能像那些英雄一樣轟轟烈烈的活一場嗎？隔壁的王老先生還有塊地，我有什麼？我只有他的『老』。」

這般高明的自嘲，帶著些許的幽默感，正好承接上最後兩句的豁達：人生如夢幻泡影，終究成空，英雄的身影會消逝，一時的逆境也會消逝，所以還不如及時把握眼前這一杯，與天地共飲，讓過去從此過去。

這闋詞是蘇軾步入中年，被貶到黃州時寫的。當時的他已經歷經了母亡、父喪、妻死，還捲入新舊黨爭、烏臺詩案，坐過牢，甚至在鬼門關前走了一遭。他卻能在最落魄的境遇下，寫出最曠達的經典之作，例如〈水調歌頭〉、〈赤壁賦〉、〈定風波〉等，傳頌至今，中秋要唱、老師要教、考試要考。

原以為，黃州已經是他人生的谷底，下一站可以是幸福了吧？他後來竟然還一路被貶到更遠的惠州、儋ㄉㄢ州（今海南島），一般人都難以承受，更何況是這樣一個不世出的大才子。他卻豁達幽默的說：「問汝平生功業，黃州惠州儋州。」意思是：人家問我這輩子做過最了不起的事情是什麼？我一路從黃州、惠州被貶到儋州，我「超會被貶」的呢！

這等心胸，不是李後主「一江春水向東流」的幽怨低吟，而是一種任所有悲痛隨「大江東去」的豪邁高歌，足以穿雲裂石。

有笑國文課

師：想到蘇軾ㄕˋ，大家會想到他的什麼作品呢？

生1：「蘇軾」圈！

師：不准再玩諧音哏！蘇軾就是鼎鼎大名的蘇東坡，大家再想想！

生2：東坡肉！

師：好了，我累了，心累……

乍暖還寒：
是誰？竟敢對文壇天后忽冷忽熱！

跟著詩歌學成語

〈聲聲慢〉　李清照

尋尋覓ㄇㄧˋ覓ㄇㄧˋ，冷冷清清，悽悽慘慘戚ㄑㄧ戚。

乍ㄓㄚˋ（突然）暖還ㄏㄨㄢˊ寒時候，最難ㄋㄢˊ將ㄐㄧㄤ息（調養休息）。

三杯兩盞ㄓㄢˇ淡酒，怎敵（抵擋）他、晚來風急。

雁過也，正傷心，卻是舊時相識。

滿地黃花堆積，憔悴損（極、非常），

如今有誰堪（可）摘。

守著窗兒，獨自怎生（怎樣）得黑。

梧桐更兼細雨，到黃昏、點點滴滴。

這次第（情形），怎一個愁字了得。

1 乍暖還寒：氣候冷熱不定，忽冷忽熱。

直播室，講故事

李清照，中國文學史上家喻戶曉的宋朝才女。她生於書香世家，飽讀詩書，少女時期便以一首〈如夢令〉轟動文壇，其中這句「知否？知否？應是綠肥紅瘦。」用很通俗的「肥」、「瘦」用來形容花葉，清新生動，不落俗套。

婚後，她與宰相之子趙明誠，過著神仙眷侶般的生活。兩人志趣相同，一起研究字畫、碑文等文物，連背書這麼無趣的事，兩人都能拿來「你考我，我考你」，作為生活情趣。

趙明誠太久沒回家，驚才絕豔的李清照，就會將縷縷情思編織成詞句，而且後來還成為千古名句：「簾卷西風，人比黃花瘦。」「花自飄零水自流，一種相思，兩處閒愁。此情無計可消除，才下眉頭，卻上心頭。」比起現代人大罵另一半：「死鬼，還不回來！」要高明許多。

沒想到，無論一個人才華多高超，不管一對夫妻多恩愛，都逃不過命運的捉弄。在李清照中年時，北宋滅亡，夫妻倆歷經戰亂、逃難等曲折，趙明誠竟在異鄉重病身亡。

接二連三的打擊，將李清照推入深淵，她帶著大量金石古玩，卻漂泊無依，多希望能抓到一根浮木，救她上岸。就在這時，張汝舟出現了。張汝舟看似知書達禮，又溫柔殷勤，李清照以為他至少是晚年可以相互取暖的老伴，哪知道張汝舟竟是一隻「披著羊皮的狼」，他是貪圖李清照的收藏才接近她的。

婚後，他露出真面目，李清照不肯交出那些古董，他就對李清照拳打腳踢。李清照想離開他，張汝舟不肯，李清照便一狀告到官府，訴請離婚。在宋朝，妻子如果告發丈夫，就算丈夫確實有罪，妻子都要先坐牢，才能離婚。李清照寧可入獄服刑，孤苦終老，也不願意和「家暴男」再待在同一個屋簷下。

李清照的一生，遭遇國破、家亡，「千古第一才女」晚年時成了病懨懨的獨居老人。即使才華不減當年，詞風卻變得淒婉悲苦：「物是人非事事休，欲語淚先流。」追憶起前塵往事，話才到嘴邊，眼淚就先撲簌簌的掉，滿腔愁緒只能化為這樣的字句：

找啊找，我曾苦苦的尋覓，卻發現我的人生就是不斷的失去，放眼望去盡是冷清，只剩悽慘與悲戚。瞧瞧這天氣，明明才回暖，突然又變冷，恐怕最難調養休息。喝個三兩杯淡酒想暖暖身體，也抵擋不住越晚越冷的寒氣來襲。一行大雁從我眼前飛過，更讓我心傷悲，那正是從我北方故國飛來的老朋友啊！

我低頭嘆息，只見園子裡黃花滿地，憔悴極了，就像人老珠黃的我一樣，如今還有誰會採摘？誰會多看一眼？我獨自一人守在窗前，要怎麼熬到天黑呢？細雨迷離，打在梧桐葉上，我一路聽著雨聲，這樣點點滴滴到黃昏。此情此景，哪裡是一個「愁」字能說得清？

這闋詞一開頭就使用了七組疊字詞，這是前無古人，後無來者的寫法，而且這幾組疊字，大多發出唇齒摩擦的聲音，十四個字讀起來窸窸窣窣的，彷彿是李清照的哭聲。這番大膽的巧思，就算是林俊傑唱的〈江南〉：「圈圈圓圓圈圈／天天年年天天的我／深深看你的臉。」都難以超越。

其中，「乍暖還寒」這個成語，形容天氣一下熱，一下冷。一般都認為應該是形容春天，才剛回暖卻因為春寒料峭，所以忽熱忽冷。

可是整闋詞，寫了大雁南飛、滿地菊花等景象，明明都是寫秋天，所以後人很困惑「乍暖還寒」究竟是用來形容春天還是秋天。甚至有人懷疑李清照是不是寫錯了，應該是「乍『寒』還『暖』」比較符合秋日氣候。

至今公認比較符合前後文的說法，則是認為「乍暖還寒」在這闋詞裡，是指秋日的早晨，既符合氣候特色，又可以明顯表現由早晨到黃昏的時間推移。

雖然閱讀文學作品時，像這樣推敲字句，是基本的功夫，但還不如從字裡行間，深入體會作者的情思和用意。詩詞寫作講究「意象」，也就是：有什麼樣的「意念」，透過文字「表象」怎麼表現出來。因此不能只探究文字表面。

或許「乍暖還寒」並不只是描述天氣，更可能是一種「意象」，是作者心情的投射、人生的縮影：自早年到暮年，她曾經兩度以為自己能得到終身「溫情」，沒想到最後孑然一身，常伴左右的，只剩下淒涼和冷清……

有笑國文課

師：中國古代最有名的才女，慘遭國家滅亡、老公過世，再嫁的對象家暴她，她想離婚還得先坐牢，叫做李什麼啊……？

生：李薇薇！

師：我謝謝你！

元曲：
都是有故事的人，才聽懂心裡的歌

★ 國學有嘻哈 ★

元朝樂府詞餘，襯字俚俗散曲，
科白加入劇曲。
北方雜劇，明清傳奇接續。

★ 「元曲」的自我介紹 ★

蒙古人建立了元朝後，帶來了北方不同的音樂和寫作風格，加上宋「詞」，便混搭出了我——「曲」。因為我和「詞」有血緣關係，所以又叫「詞餘」，並且和所有音樂文學一樣，也叫「樂府」。

那我和詞最明顯的不同是什麼呢？看看我臉上的一些「小字」那叫作「襯字」，像是「裝飾音」，可有可無，也像嘻哈歌手動不動就「Yo Yo Yo ！」

而且我分成散曲和劇曲兩大種類，散曲長得和詞很像。劇曲就不一樣啦！像是音樂劇，演出的時候，每個角色不只會唱歌、還有「科」、「白」，也就是動作和對白。元朝在北方流行的叫「雜劇」，明清在南方流行的叫「傳奇」喔！

雖然有人形容「詩莊、詞媚、曲俗」，詩比較莊重，詞比較柔媚，而我就是俚俗，但我是最「接地氣」的作品，我「俗」我驕傲！

夕陽西下：
憂鬱大叔和陽光男孩，哪個有魅力？

跟著詩歌學成語

〈天淨沙〉秋思　馬致遠

枯藤老樹昏鴉，小橋流水人家，古道西風瘦馬。

夕陽西下，斷腸人在天涯。

1 夕陽西下：指傍晚日落時的景象。也比喻遲暮之年或事物走向衰落。

直播室，講故事

馬致遠，人稱「曲狀元」，寫出了元朝最出色的散曲，而他描述王昭君故事的《漢宮秋》，被推崇為「元朝第一雜劇」。不過，他卻沒有因為這樣的好文筆而飛黃騰達。

元朝時，將職業分級分等，相傳當時「九儒十丐」，意思是書生的地位只比乞丐高一點。不過在元朝做官的儒生大有人在，比如說馬致遠就是其中一個。可惜的是他官位不高，還得忍受官場上那些醜惡的現實。人到中年，經過十幾年的苦苦掙扎，所有的雄心壯志都消磨掉了，因此，他辭官退隱，並為自己取號「東籬」，用的典故就是陶淵明的：「採菊東籬下，悠然見南山。」雖然晚年過著與世無爭的生活，但是有才之士卻懷才不遇的悲哀，常常出現在他的作品之中。例如這首〈天淨沙．秋思〉就是他的代表作。

如果稍微接觸過詞曲，那麼必定聽過這首作品，甚至會背，因為它的用詞簡單通俗，琅(ㄌㄤˊ)琅(ㄌㄤˊ)上口。這個作品被評為「秋思之祖」，文學批評家大讚它為元曲小令中的表率。但是大眾對它太熟悉了，就會忽略它的意境，以及它之所以精彩之處：

我沿著這枯敗的藤蔓往上看，它纏繞著一棵衰老的樹生長，站在老樹上的烏鴉，時不時發出淒厲的鳴叫聲。

放眼望去，前方有座橋，橋下流水潺(ㄔㄢˊ)潺(ㄔㄢˊ)，流向再前方的炊煙人家。裡面的人很幸福吧？但他們的幸福，不是我的。而哪裡是我的家？哪裡是我可以安身立命的地方？

在這年代久遠，不堪再用的道路上，一陣蕭瑟的西風向我襲來，我只能騎著這樣一匹瘦骨嶙峋的馬繼續前進。

一路走到夕陽西下，唯獨我這樣一個傷心至極的人，在這條路上踽踽獨行，不知要漂泊到哪兒，只能浪跡天涯。

「悲秋」是從《楚辭》以來，萬千文人都不斷反覆吟詠的主題，因為秋天恰恰是萬物由盛轉衰的季節，草木凋零、枯黃，觸目所及盡是衰敗，會讓人聯想到自身的日漸衰老，或是國家的逐漸衰弱，而情不自禁的感到哀傷。

這首〈天淨沙〉，從開頭的「枯」、「昏」、「老」，一直到「小」、「古」、「瘦」等負面的形容詞，為整首作品先鋪上一層晦暗沉悶的底色，帶出秋天了無生機的蕭瑟氣息。

再來，從頭到尾幾乎全用名詞，唯獨使用的動詞「夕陽西『下』」，緩慢的推移，加上昏鴉、流水聯想到的微弱聲響，凸顯出環境的靜謐，而「人家」終究是「別人家」，反襯出主角更加孤寂。

末尾配以黃昏的哀傷情調，將鏡頭聚焦到「斷腸人」身上。最後的「天涯」一詞，瞬間又將鏡頭拉遠，人在其中顯得多麼渺小，告訴我們形單影隻的他，在這廣闊的天地間是怎樣的漂泊無依。整個作品一氣呵成，排列非常簡單的語詞，卻一層深似一層，情景交融。

穿過文字表象，我們會發現：枯藤是他，老樹是他，昏鴉也是他。過了橋就可以渡河，渡了河就有歸宿，但他卻不是走在通往幸福的路上。他在哪兒？他孤獨的走在一條寒冷的路上，沒人懂，無人問，這條古道，象徵他的仕途，也是他的人生道路。尤其當人至暮年，更加傷心，蹉ㄘㄨㄛ跎ㄊㄨㄛˊ了大半輩子，一事無成，卻仍不知何去何從……

對比白樸的〈天淨沙〉，也寫秋天，但是情感和表達方式卻截然不同：

孤村落日殘霞，輕煙老樹寒鴉，一點飛鴻影下。

青山綠水，白草紅葉黃花。

白樸也名列元曲四大家之一，這個作品開頭也用了「孤」、「落」、「殘」、「輕」、「老」、「寒」等負面形容詞，並且鋪排大量名詞，甚至也同樣使用了唯一的動詞「下」，但是從這裡開始出現差異，「飛鴻」的動態比起「夕陽」要更加活潑，所以後面兩句筆鋒一轉，呈現出色彩繽紛和生機盎然，彷彿作者轉念一想，他的陰霾便一掃而空，迎向柳暗花明。

兩首作品孰優孰劣呢？這好像現代人在問：「憂鬱大叔和陽光男孩，哪個有魅力？」一樣見仁見智。

「憂鬱大叔」經過滄桑和歷練，當他說起他的孤寂，會讓人忍不住憐惜；「陽光男孩」煥發著昂揚的朝氣，當他樂觀的談著希望，整個人像是在發光。

馬致遠和白樸的〈天淨沙〉各有支持者，不過，作為讀者，如果能看出兩個作品各自的優點，那才是「現代好歌迷」。

有笑國文課

師：元朝的「詩人天團」叫「元曲四大家」，分別是關漢卿、馬致遠、鄭光祖、白樸。這四個人可以簡稱什麼呢？

生：關、白、馬、鄭。

師：很好！你這個是按照時代排列的順序。記不住的同學，老師編了一個口訣叫作：「白、馬、光、漢」，白馬王子許光漢，又會演戲又會唱歌，是不是很好記！

生：老師你眼冒愛心了耶，認真上課啦！

銜冤負屈：
好人的詛咒和壞人的陷害，哪個比較可怕？

跟著詩歌學成語

《感天動地竇ㄉㄡˋ娥冤》第二折〈黃鍾尾〉　關漢卿

我做了個銜ㄒㄧㄢˊ冤負屈沒頭鬼，

怎肯便放了你好色荒淫漏面賊。

想人心，不可欺，冤枉事，天地知。

爭到頭，競到底，到如今，待怎的。

情願認藥殺公公與了招罪。

婆婆也我若是不死呵如何救得你。

1. 銜冤負屈：蒙受冤屈，申訴無門。
2. 漏面賊：極端凶惡的壞人。

直播室，講故事

「元曲四大家」之一的關漢卿，被稱為「東方的莎士比亞」，能自編自導還自演。他所寫的雜劇，題材多樣化，

元曲

渲染力強，喜劇能戳中觀眾的笑點，悲劇也能觸動觀眾的淚腺。筆下的人物個性鮮明，主角「圈粉」無數，反派簡直人人喊打。對白和唱詞，寫書生就能文雅，寫中下階層就能俚俗。明知道是虛構的故事，讀完還是會忍不住想問：「這是真的假的？」

關漢卿之所以能看盡人生百態，擅長寫各類情節和角色，因為他不是一個坐在書房乖乖讀書的文人，而是成日花天酒地的街頭浪子。他曾自我「爆料」：

我是個蒸不爛、煮不熟、捶不扁、
炒不爆響噹噹一粒銅豌豆，
恁ㄖㄣˋ（那些）子弟每誰教你鑽入他
鋤不斷、斫ㄓㄨㄛˊ（砍）不下、
解不開、頓不脫（甩不掉）、
慢騰騰千層錦套頭（美麗的圈套）。
我玩的是梁園月，飲的是東京酒，
賞的是洛陽花，攀的是章臺柳。
我也會圍棋、會蹴ㄘㄨˋ踘ㄐㄩˊ（踢球）、會打圍（打獵）、
會插科（搞笑）、會歌舞、會吹彈、會嚥作（口技）、
會吟詩、會雙陸（賭博）。
你便是落了我牙、歪了我嘴、
瘸ㄑㄩㄝˊ了我腿、折了我手，
天賜與我這幾般兒歹癥ㄓㄥˋ候ㄏㄡˋ（壞毛病），

尚兀ㄨˋ自（仍然是）不肯休。

則除是閻王親自喚，神鬼自來勾，

三魂歸地府，七魄喪冥幽，

天哪，那其間才不向煙花路兒上走！

這首〈一枝花．不伏老〉是關漢卿在散曲的代表作，讀起來自帶節奏，根本「RAP 始祖」、「嘻哈之王」！而且內容辛辣，堪比喝醉酒還「開直播」。整段的大意就是：「我就是個不務正業的花花公子，每天不是在青樓裡，就是在前往青樓的路上。要我放棄吃喝嫖賭，除非我死，否則門都沒有！」這麼理直氣壯的浪蕩，可說是史上第一「狂」，顛覆傳統文人形象，卻和以「俗」聞名的元曲非常「合拍」。他的個性和能力寫元曲才能完全發揮，元曲也因為他而注入更多民間鮮活的生命力，因此他被稱為元曲的「本色派」。

他的散曲這麼「爆笑」，最知名的雜劇《竇娥冤》卻讓人一把鼻涕一把眼淚，現代連續劇再怎麼「灑狗血」都比不上，因為他灑的是「人」血……

故事敘述竇娥因為家貧，被父親送到蔡家當媳婦。婚後兩年，丈夫去世，竇娥便和婆婆相依為命。有一天，蔡婆遇到危險，被張驢兒兩父子搭救，為了答謝他們，便把自己家借給他們住，不料卻「引狼入室」。張驢兒父子根本就是無賴流氓，逼迫竇娥婆媳和他們成親不成，張驢兒就在羊肚湯裡下毒，企圖害死蔡婆，霸佔竇娥。但是，蔡婆沒喝那碗羊「毒」湯，張驢兒的爸爸竟陰錯陽差的喝完斃命。張驢兒為了脫罪，就誣告竇娥婆媳下毒。太守不分青紅皂白的對她們嚴刑逼供，竇娥不忍心婆婆年紀那麼大還受罪，於是屈打成招，最後被判死刑，

她哭訴道：

狠毒的張驢兒！我就是被斬首做了冤死鬼，也要回來找你這個十惡不赦的大壞人償命！

我以爲人心自有公道，不可能隨便受到欺騙，我以爲所有的冤屈，老天有眼能看見，可是我爭辯到底，卻還是落得這個下場。我只能認罪，說是我下毒害死了張驢兒的父親。

婆婆啊！我不死的話，要怎麼救你啊！

行刑前，太守問竇娥有什麼最後的遺願，竇娥語出驚人，她對天發毒誓：「希望蒼天明鑑，一願血濺三尺白練，二願六月飛霜掩埋我的屍首，昭雪我的冤曲，三願楚州大旱三年，解我無處申冤之恨。」圍觀的民眾議論紛紛，但不曾有人敢在地方官面前喊一句：「刀下留人！」也沒有現代連續劇中常見的「英雄救美」。竇娥就這麼冤死了。

劊子手手起刀落，鮮血全部往上噴濺到竇娥身後的白布，一滴都沒有滴到地上。所有人瞠目結舌之際，六月的大熱天，竟大雪紛飛，彷彿上天因為悲憐竇娥而落淚，最後皚皚白雪像一床棉被，覆蓋住竇娥，希望她安息長眠，算是天道還她一個清白。而後，楚州果然三年大旱，竇娥的詛咒應驗了！

《竇娥冤》改編自西漢著名的冤案「東海孝婦」，但關漢卿最厲害的情節設計在於結局，不只是以異常的天候表現天理昭昭，而是讓竇娥的冤魂向她那終於金榜題名的父親告狀，她的父親當官後重審全案，將所有害竇娥的人通通繩之以法，「銜冤負屈」而死的竇娥才終於獲得平反。

故事中，我們體會到竇娥為了保護婆婆，寧可認罪受死的「孝」，才更能對比出張驢兒死不承認毒殺老爸，還嫁禍他人的「惡」。而太守不論是非曲直，嚴刑逼供小老百姓的「昏」，也凸顯出竇娥最後申訴無門，孤立無援的「冤」：面對官員，她沒有背景和靠山；面對男性，她沒有話語權。

因此，當竇娥「黑化」發毒誓時，觀眾想到的不是她這樣詛咒會殃及無辜，反而會不由自主地站在她那邊，想幫她指著所有人說：「你們沒有一個人是無辜的。」跟著劇情感受到她含恨而終的心痛，當她最後沉冤得雪時，也才更覺得大快人心。

俗話說：「看戲的是傻子。」隨情節發展心潮澎湃，一下拿起衛生紙擦眼淚，一下激動的拍手大笑，或許很傻，但是也得有關漢卿這樣一個「編劇天才」，「寫」什麼像什麼，後世讀者才能在沒有看到現場表演的情況下，如聞其聲，如見其人，並且透過這樣一名小女子的悲劇，窺見整個大時代的悲哀。

有笑國文課

師：元朝特別有名的雜劇叫作《感天動地竇娥冤》，簡稱《竇娥冤》，又叫「六月雪」。有人知道這個故事裡面，為什麼六月會下雪嗎？

生1：因為故事發生在南半球？

生2：還是氣候異常？

師：你們是認真的嗎？

望穿秋水：
幸好渣男洗白，否則神助攻也要變幫凶？

跟著詩歌學成語

《西廂記・第三本・第二折》　王實甫

隔牆花又低，迎風戶半拴ㄕㄨㄢ，

偷香（私會）手段今番（這次）按。

怕牆高怎把龍門跳，嫌花密難將仙桂攀。

放心去，休（不要）辭（推辭）憚ㄉㄢˋ（害怕）。

你若不去呵，望穿他盈盈秋水，

蹙ㄘㄨˋ（皺眉）損他淡淡春山（比喻眉毛）。

1 望穿秋水：望穿了眼睛，形容殷切盼望。秋水，比喻眼睛。

直播室，講故事

明末清初的批評家金聖嘆評選出「六大才子書」，分別是代表諸子百家的《莊子》、代表辭賦體的屈原〈離騷〉、代表史書的司馬遷《史記》，詩歌中選了杜甫詩、小說中選了施耐庵的《水滸傳》，戲曲中選了王實甫的《西廂記》。

其中，《西廂記》並不是原創作品，改編自唐朝元稹所寫的傳奇小說——《會真記》，又稱《鶯鶯傳》。而這個故事是元稹寄託親身經歷的作品，還是個「渣男」始亂終棄的故事。

男主角張生對女主角崔鶯鶯一見鍾情，但礙於階級差異，無法依照禮俗求娶，反而使出「情書攻勢」，加上崔鶯鶯的丫鬟紅娘，從中穿針引線，打動了崔鶯鶯。崔鶯鶯突破禮教束縛，與張生私會，兩人偷偷摸摸的談起戀愛。

沒想到張生要進京趕考，就拋棄了崔鶯鶯，最後不只娶了別人，還告訴朋友自己甩掉崔鶯鶯的理由：「那個女孩那麼美，足以禍國殃民，我是沒有這個福氣駕馭那種妖孽啦！」現代女孩拒絕男孩發的「好人卡」算什麼？張生為了分手給崔鶯鶯發的「美人卡」可惡多了。

王實甫改編的《西廂記》，有個最大的不同，就是結局從悲劇改成了喜劇，張生，張君瑞不只金榜題名，考上後還回來迎娶崔鶯鶯，皆大歡喜。

這樣的改編和《西廂記》本質上是劇本多少有點關係。因為很多時候，看戲的不只是傻子，也可能會變成太入戲的瘋子，如果維持張生「渣男」的設定，飾演張生的演員，或許人還在臺上，就「小命不保」。而且，有哪個觀眾不喜歡「有情人終成眷屬」的結局呢？最重要的是，這個結局讓男女主角突破了階級框架而結合，大大的挑戰了「門當戶對」的傳統觀念。

王實甫最為人稱道的，還有他在這齣雜劇中，增加了許多古典詩詞的筆法，大大提高了作品的文學性，比方說，以下是紅娘勸張生半夜爬牆來找自家小姐的唱詞，明明是讓衛道人士搖頭的內容，卻寫得非常文雅：

張生啊，你和我們家小姐中間，雖然隔著一道難以跨越的牆，但是這中間的花叢很低，還是可以嘗試跨越的啊！加上剛好風吹開了門，門沒有關得很嚴實，你可以一步步的靠近我家小姐和她私會。

如果你連這牆的高度都擔心，你怎麼有信心去考科舉呢？如果你嫌你們之間的阻隔太多，那麼你就沒有機會贏得我們家小姐的芳心。所以，放心去吧！不要膽怯，不要退卻！勇敢的去追求真愛吧！

你如果不去，只怕她如秋水般晶瑩的雙眸，會整夜般般期盼，而她如春山的黛眉，也會眉頭深鎖，折損了她美麗的容顏。

現代的好朋友慫恿男生去追求心儀的對象，大概就是：「喜歡就衝一波啊！」相比之下，紅娘的語言藝術是不是高明多了！用比喻的方式，道破張生內心的顧忌，並暗示張生，崔鶯鶯其實有些動搖，心門已經打開，有可能接受張生的追求。再接連用激將法和斬釘截鐵的肯定句，鼓勵張生勇敢追愛。最後，一方面以描繪情境的方式告訴張生，若是退縮，崔鶯鶯會有多失望，另一方面再用比喻的方式，強調一下自家小姐的美貌。

這種「推銷話術」堪稱史上最佳「助攻」！因此，「紅娘」成為中文裡「媒人」的代名詞，也就是現代婚姻中的「介紹人」。

不過，因為《西廂記》改編成喜劇結局，渣男才被「洗白」了。如果是《會真記》，紅娘可就變成害崔鶯鶯被狠心拋棄的「幫凶」了。因此，《西廂記》整體在劇情、角色的設定上，都比原作來得更加細膩。

最特別的是，在此之前，雜劇中都是一人獨唱，其他角色只有表演對白、動作，而《西廂記》打破這個成規，改成多人對唱。恰恰好也呼應了這齣雜劇的主旨：男女主角跨越禮教的相戀、突破階級的結親。故事內容和表現方式上都是既承接了傳統，也打破了傳統。因此，它在明清時代列為禁書，被視為「不登大雅之堂」的作品。然而，在自由戀愛的現代，與其禁止這樣的經典作品，還不如以健康的眼光看待，並以引導的方式來閱讀。

「愛」是詩歌史上永恆不變的主題，有的驚天動地，有的不堪回首，即使呈現的方式千變萬化，千百年後的我們，依然會深深受到觸動，心有戚戚。錯失認識一本經典的機會，便錯失了一次心靈悸動的可能。

當我們在閱讀一個故事時，無論是為裡面的情節或哭或笑，還是想像自己化身為故事中的主角，去經歷現實生活不可能出現的事件，那都是一場又一場心靈的冒險。而詩歌背後的故事，更帶著幾分詩意，以及豐富的情意，值得我們在人生的不同階段，反覆咀嚼出新意。

有笑國文課

師：古人形容女孩子「眼波流轉」，目光像是水波盪漾，柔情似水，大家看看老師的眼睛，我們這種眼睛稱為什麼「水」？

生：餿水！

師：滾！

MEMO

小學霸國學測驗題

（含答案及解析）

窈窕淑女，君子好逑

一、主題動動腦——成語裡的「填」「CP」

除了「君子淑女」的「CP」，成語中常有「□男□女」的組合，請依照解釋與解釋，在空格中填入正確的答案：

1.	◯	男	綠	女	穿著各色華麗服裝的男女。
2.	痴	男	◯	女	沉醉迷戀於情愛中的男女。
3.	◯	男	信	女	佛家稱在家信仰佛教的男女。
4.	◯	男	◯	女	未成年的男孩和女孩。
5.	◯	男	怨	女	指已達婚齡而尚未婚嫁的男女。

二、閱讀素養混合題

請針對文本的內容，回答以下的問題：

1 【擷取訊息】請按照〈關雎〉所描寫的情節與主人翁心情轉變順序，重新排列以下成語：

（甲）求之不得，徹夜難眠

（乙）明媒正娶，皆大歡喜

（丙）一見鍾情，怦然心動

（　　）→（　　）→（　　）

2 （　）【統整解釋】下列選項中的成語，何者代換之後，意思改變了？

（A）這位「窈窕淑女」一直都是我的夢中情人
→「名門淑女」

（B）那一項寶物是我「寤寐求之」的夢幻逸品
→「夢寐以求」

（C）明天即將參加大考，我整夜「輾轉反側」
→「輾轉難眠」

（D）我要祝福新婚的姊姊和姊夫「琴瑟友之」
→「琴瑟和鳴」

3 【省思評鑑】從〈關雎〉這個作品內容的描述，可以看出是從男主角的角度寫作的，為什麼呢？請從原文的字裡行間解讀、分析。

解答

一、主題動動腦

1. 紅 男 綠 女

2. 痴 男 怨 女

3. 善 男 信 女

4. 童 男 童 女

5. 曠 男 怨 女

二、閱讀素養混合題

1. 丙 → 甲 → 乙

2. （A）【詳解】（A）「名門淑女」是指家教嚴謹，儀態嫻雅、端莊的女子。和「窈窕淑女」的不同是「名門淑女」強調女子的家世背景來自「名門」，但「窈窕淑女」可以來自普通家庭。

3 參考答案：

（1） 因為「寤寐以求」、「輾轉反側」這些心理活動，只有男主角自己知道。

（2） 完全沒有描寫到女主角的心理，看不出女主角是不是喜歡男主角。

（3） 三次的「參差荇菜，左右……」都是女主角的活動場景，強調出這是男主角眼中的女主角。

（4） 四次稱「窈窕淑女」，是男主角的稱讚，也強調出男主角有多麼喜歡這名女子。不可能是女主角的自誇，否則就會和詩中顯現的「含蓄」特質自相矛盾。

執子之手，與子偕老

一、主題動動腦——只願為你「手」著約

請依下列格子已有的國字聯想，由左而右，由上而下，填入完整的成語：

二、閱讀素養混合題

請針對文本的內容，回答以下的問題：

1 （　）【擷取訊息】下列關於《詩經・擊鼓》的創作背景「清丘之盟」，何者敘述的前因後果正確？

（A）一開始組成同盟關係的原因是為了對抗陳國

（B）清丘是兩方勢力對戰的地方，戰後在此立誓

（C）衛國違背了盟約，幫助楚國攻打自己的盟友

（D）晉和衛原本結盟，晉攻衛是因為衛國先背叛

2 （　）【統整解釋】請問《詩經・擊鼓》這首詩的主旨是什麼？

（A）感嘆夫婦難分難捨的別離

（B）描述戰士無法歸鄉的憂慮

（C）歌頌同袍之間扶持的情誼

（D）悼念衛國將軍孫子仲之死

3 【省思評鑑】「執子之手，與子偕老」這句話的兩種解釋：一是回憶軍隊中的戰友，在生死關頭，同袍間要「一起撐下去」的約定；一是離家出征前，與愛人的山盟海誓。雖然「詩無達詁」，但你認為哪一種解釋比較合理呢？為什麼？

解答

一、主題動動腦

二、閱讀素養混合題

1. （D）【詳解】（A）對抗楚國（B）清丘是晉、宋、衛、曹四國結盟立誓的地方，從文章中看不出來是否曾是兩方勢力對戰的地方（C）衛國是幫助陳國和自己的盟友宋國作對。

2. （B）【詳解】關鍵句：「不我以歸，憂心有忡」。這句翻譯為：我無法回家，滿心憂慮。這首詩以士兵的口吻，真實的表達出戰爭時，平民百姓心中「不能說的脆弱」。

3 參考答案：

（1）我認為前者比較合理，因為逃兵在古代是重罪，可能連累部隊的同袍被懲罰，如果詩人因為逃走的馬聯想到自己也有機會逃走，第一時間可能想到自己的戰友，覺得自己違背了同生共死的誓約。

（2）我認為後者比較合理，因為整首詩流露著思鄉之情，詩人在內心掙扎時，第一時間最有可能就是想起心心念念的家人或愛人，以及可能無法兌現的承諾，愧疚感油然而生。

MEMO

鳩占鵲巢

一、主題動動腦——什麼「鳥」，感情好？

「鳩占鵲巢」原本的意思，是比喻女子在婚後，住進男方家的習俗。中文裡也有很多和鳥類相關的成語，比喻夫妻的愛情美滿，或用來祝賀新婚夫婦，猜猜看，牠們分別是哪些鳥類？請在空格中填入正確的答案：

1	○	○	璧	合	以一種象徵愛情的鳥，比喻美好的人配為一對。
2	○	○	于	飛	原指一種神話中的鳥類，一公一母相伴而飛。後比喻夫婦和睦。
3	○	○	和	鳴	以兩種神話中的鳥相互應和鳴叫，比喻夫妻和諧。
4	新	婚	○	爾	剛結婚，歡樂又甜蜜。常用作祝人新婚的賀詞。
5	跨	○	乘	龍	跨□，比喻嫁女。乘龍，比喻得婿。這個成語比喻夫妻雙宿雙飛。

二、閱讀素養混合題

請針對文本的內容，回答以下的問題：

1 （　）【擷取訊息】文章最後提到「賦詩言志」，請問下列關於這個文學傳統的說明，何者正確？

（A）「賦詩言志」指的是在活動進行中穿插表演

（B）「賦詩言志」使用的詩通常來自《三百篇》

（C）「賦詩言志」只能用於外交，其他情況不行

（D）「賦詩言志」時，必須完全符合詩歌的原意

2 （　）【統整解釋】「鳩占鵲巢」有三種解釋：最早指的是女子婚後住進夫家；後來用以批評霸占他人空間的行為；進一步指霸占他人功勞或地位。下列哪個選項的運用，完全不符合這個成語的三種解釋？

（A）姊姊煩惱著，婚後如果搬到姊夫家住，是不是一種「鳩占鵲巢」

（B）這房子已經空了很久，沒想到有人「鳩占鵲巢」，偷偷住進去

（C）那個新手第一天上班，就直接晉升成經理，簡直是「鳩占鵲巢」

（D）入境後，我們立刻到飯店辦理入住，準備要在這兒「鳩占鵲巢」

3 【省思評鑑】世界上，並不是所有民族的傳統，都要女子在婚後住在夫家，請問你贊成女子婚後住進夫家這個傳統嗎？

解答

一、主題動動腦

1 鴛 鴦 璧 合

4 新 婚 燕 爾

2 鳳 凰 于 飛

5 跨 鳳 乘 龍

3 鸞 鳳 和 鳴

二、閱讀素養混合題

1 （B）【詳解】（A）「賦詩言志」是誦讀一首詩來表達感受，並非表演（B）《三百篇》就是指《詩經》，文中提到「當時古人所賦的詩通常來自《詩經》」（C）「賦詩言志」最常在外交場合中使用，但不限定只能用於外交（D）「賦詩言志」大多斷章取義，用某首詩、某幾句來表達內心話，是否符合原意並不重要。

2 （D）【詳解】（D）到飯店入住是需要付費的，並不算「霸占」，故這個用法不符合三種解釋的任何一個。

3 參考答案：

（1）我贊成，因為這是一種對女性的保障，原本家境不佳的女性，婚後住進夫家，也許換個環境，有機會在經濟或地位上改善生活。

（2）我不贊成，這樣的傳統並未尊重女子個人的意願。女子不能和原本的家人住在一起，被迫與夫家的陌生人同住，在夫家像是外人，處境尷尬，彼此生活習慣不同，容易產生衝突。

美人遲暮

一、主題動動腦——美人的「凍齡」妙方

自古以來，不只美人怕「遲暮」，光陰流逝是每個人都會忍不住感嘆的事，以下有哪些成語正面提出把握時間的方法呢？請圈出來：

分秒必爭	日薄西山	歲不我與
日月如梭	與日俱進	夜以繼日
劍及履及	千秋萬代	春秋代序

二、閱讀素養混合題

請針對文本的內容，回答以下的問題：

1 【統整解釋】屈原的千古名作——〈離騷〉。離，等於「罹」，意思是遭遇；騷，是憂愁。依照全文推測，

屈原的憂愁可能來自以下哪些原因呢？請在□中勾選出來：

□（甲）小人造謠陷害他　□（乙）楚王不再重用他

□（丙）空有美貌沒人愛　□（丁）時光流逝臉衰老

□（戊）遭到誤解沒人信

❷（　）【統整解釋】文中結論提到：「『美人遲暮』後來成為中國文學的共同符號，用來感傷時光流逝、青春不再或才華不受賞識。」請問下列流行歌詞，何者表達的主旨，最接近「美人遲暮」的感嘆？

（A）我們像一首最美麗的歌曲／變成兩部悲傷的電影／為什麼你帶我走過最難忘的旅行／然後留下最痛的紀念品（五月天〈突然好想你〉）

（B）年少的輕狂／遲暮的傷／都等著被他原諒／原來你就是我贖罪的渴望（楊乃文〈推開世界的門〉）

（C）越過山丘　雖然已白了頭／喋喋不休　時不我予的哀愁／還未如願見著不朽／就把自己先搞丟（李宗盛〈山丘〉）

（D）你知道 就算大雨讓整座城市顛倒／我會給你懷抱／受不了看見你背影來到／寫下我　度秒如年難捱的離騷（蘇打綠〈小情歌〉）

3 【省思評鑑】自從屈原寫下「美人遲暮」，以女性青春美貌消逝，具體比擬時間的流逝，後代文人也使用了不同的語句，表達類似的意涵。試著對照前後文，在下列詩詞作品中的□□裡，填入你覺得合理的字詞：

（1）公道世間唯□□，貴人頭上不曾饒。（杜牧〈送隱者一絕〉）

（2）心猶未死杯中物，□不能朱鏡裡顏。（黃庭堅〈次韻柳通叟寄王文通〉）

（3）最是人間留不住，朱顏辭鏡□辭樹。（王國維〈蝶戀花〉）

MEMO

解答

一、主題動動腦

分秒必爭（圈選）	日薄西山	歲不我與
日月如梭	與日俱進（圈選）	夜以繼日（圈選）
劍及履及（圈選）	千秋萬代	春秋代序

【詳解】歲不我與、日月如梭、春秋代序，都只是描述時間飛逝，並未具體提出把握時間的方法。

＊分秒必爭：充分利用一切時間。

＊日薄西山：太陽已經接近西邊的山。比喻事物接近衰亡或人近老年。

＊與日俱進：隨著時間一天天地進步。

＊夜以繼日：以夜晚接續白天，晝夜都不歇息。用來形容工作勤奮。

＊劍及履及：形容人行動果決、快速。

＊千秋萬代：世世代代。

二、閱讀素養混合題

❶ 【答案】（甲）（乙）（戊）【詳解】（丙）屈原怕的應該是空有才華沒人重用（丁）屈原雖然提及擔心時光流逝，但並不是表面上的怕「臉衰老」。

❷ （C）【詳解】（A）比喻相愛的兩人分手後，回想起曾經美好的回憶特別傷痛（B）這段歌詞意義不明確，然而，雖然提到「遲暮」，卻等著被原諒和渴望贖罪，可見並非感嘆（C）關鍵詞：時不我予的哀愁（D）意思是即使在艱困的環境，也要給愛的人支持和安慰，看見對方離開的背影，就算只有一秒，都會感到痛苦。這裡的「離騷」代指憂愁、心事。

❸ （1）白髮【語譯】這世間只有白頭髮是最公平的，連富人頭上也不饒過。

（2）春　【語譯】飲酒的興致不減當年，春天卻不能恢復人的青春容顏。

（3）花　【語譯】在人世間最留不住的，是那在鏡中一去不復返的青春和離樹飄零的落花。

黃鐘毀棄，瓦釜雷鳴

一、主題動動腦——黃鐘、瓦釜，誰在響？

「黃鐘毀棄，瓦釜雷鳴」這八個字的字卡，散落一地，還和別的字組成其他的成語了！請框出所有可以正確連成一線的四字成語，不限方向，看看能找到幾個成語：

大	棄	盡	功	前	舟
黃	雌	口	信	沉	一
梁	工	神	釜	鬼	見
一	冰	破	底	哭	鐘
夢	消	口	抽	如	情
不	瓦	杯	薪	雷	生
毀	解	而	刃	迎	景
人	驚	鳴	一	發	觸

二、閱讀素養混合題

請針對文本的內容，回答以下的問題：

1. （　）【擷取訊息】文中提及「自從懷王疏遠屈原後，楚國發生了一連串的動盪」，請問以下事件，按照文章敘述的順序，何者的排列正確？

（A）張儀毀棄承諾 → 楚國與齊國絕交 → 楚國與秦國聯姻

（B）楚國與齊國絕交 → 張儀毀棄承諾 → 楚國發兵打秦國

（C）楚國發兵打秦國 → 秦國以土地求和 → 魏國偷襲楚國

（D）秦國以土地求和 → 屈原反對遭到流放 → 張儀被釋放

2. 【統整解釋】「黃鐘毀棄，瓦釜雷鳴」的意思是：黃鐘被砸爛並被拋置一邊，而把陶製的鍋敲得很響。比喻有才德的人被棄置不用，而無才德的平庸之輩卻居於高位。請問這個成語使用了以下哪些修辭？請勾選：

□（甲）譬喻　□（乙）映襯　□（丙）倒反

□（丁）排比　□（戊）回文　□（己）誇飾

□（庚）摹寫　□（辛）類疊

3 【省思評鑑】在幾經波折後，屈原選擇用占卜來求助於神靈，你認為背後可能是什麼樣的心情或想法？

解答

一、主題動動腦

大	棄	盡	功	前	舟
黃	雌	口	信	沉	一
梁	工	神	釜	鬼	見
一	冰	破	底	哭	鐘
夢	消	口	抽	如	情
不	瓦	杯	薪	雷	生
毀	解	而	刃	迎	景
人	驚	鳴	一	發	觸

【答案】共計有：前功盡棄、信口雌黃、釜底抽薪、冰消瓦解、迎刃而解、一鳴驚人、觸景生情、破釜沉舟等八個成語。

【詳解】一見「鍾」情、鬼「斧」神工、黃「粱」一夢，才是正確的。

二、閱讀素養混合題

1. （B）【詳解】（A）說服騙楚國與齊國絕交後，張儀才毀棄承諾，出爾反爾（C）楚國發兵打秦國後，魏國偷襲楚國，齊國又袖手旁觀，楚國派出屈原和齊國重修舊好，秦國有危機意識，才提出歸還土地的條件向楚國求和（D）張儀被放走之後，才有秦楚聯姻，也才有屈原反對黃棘之會而遭到流放的事。

2. 【答案】（甲）（乙）（己）【詳解】（甲）關鍵詞：比喻，（乙）兩句在文意上強烈對比，（己）瓦釜發出「雷鳴」，較為誇張。

3. 參考答案：
一般人通常都會在最無助的情況下求神問卜，當所有人為的努力都沒有用的時候，就只能求助神靈。屈原覺得自己一心一意為國為民，但是楚懷王卻聽信另一邊完全相反的意見，屈原遭到誣陷，無法對抗對方的勢力，也無法左右君王的想法，眼睜睜看著國家一次次陷入危機，屈原可能非常自責、委屈、氣憤而且傷心，卻無能為力，他對上天提出的不是疑問，而是質疑，懷疑是不是真的「老天有眼」。

眾醉獨醒

一、主題動動腦——「眾醉」、「獨醒」，誓不兩立

「眾人皆醉我獨醒」後來濃縮成「眾醉獨醒」這個成語，其中「眾醉」、「獨醒」形成強烈的對比，下列成語也都是由這樣的相反詞構成，請試著填出正確答案：

1. 喜 新 ○ ○　多指對愛情不專一。

2. ○ ○ 陰 違　表面上裝著遵守，實際上卻不照辦。

3. 大 同 ○ ○　大致一樣，但略有不同。

4. ○ ○ 暮 死　形容生命極短暫。

5. 凶 多 ○ ○　形容事情的形勢不樂觀。

二、閱讀素養混合題

請針對文本的內容，回答以下的問題：

1 （　）【擷取訊息】文章中舉出「狂泉」的故事，和屈原的故事對照。請問下列對兩者的比較，何者敘述完全正確？

（A）狂泉中的國君和屈原一直被周遭視為「異類」

（B）狂泉中的國君和屈原最後都選擇與眾不同的路

（C）狂泉中的國君和屈原都不禁感嘆「眾醉獨醒」

（D）屈原不同於狂泉中的國君之處在於堅守原則

2 【統整解釋】本文節錄《楚辭．漁父》，後半還有一部分對話，意思是這樣的：

漁父說：「聖人不執著，會順應變化，改變自己。如果大家都是髒的，你就一起髒，如果大家都醉了，你就一起醉，爲什麼要想那麼多，自命清高，害自己被放逐呢？」

屈原回應道：「我聽說，剛洗完頭、洗完澡的人，想穿衣戴帽，就會拍一拍上面的灰塵。而我一身的清白，怎麼能沾染世俗的塵埃呢？我寧可跳進湘江，葬身魚腹，怎麼能讓一生的高潔遭到玷汙呢？」

漁父聽完微微一笑，搖起船槳，唱著：「滄浪之水清又清啊，可以洗帽纓；滄浪之水濁又濁啊，可以洗我足。」於是便離開，不再和屈原說話。

根據這段對話，可以知道，屈原和漁父談到最後，想法不合而散。請問他們的想法各是怎樣的不同？試著用自己的話說明：

（1）漁父：

（2）屈原：

3 【省思評鑑】如果你搭著時光機回到屈原投江前夕，你有機會對屈原說一段話，你會對他說什麼？

解答

一、主題動動腦

1. 喜 新 厭 舊
2. 陽 奉 陰 違
3. 大 同 小 異
4. 朝 生 暮 死
5. 凶 多 吉 少

二、閱讀素養混合題

1. （D）【詳解】（A）狂泉中的國君並非「一直」被視為異類，只有一開始（B）狂泉中的國君最後選擇和大家一樣的道路（C）狂泉中的國君並未感嘆「眾醉獨醒」。

2. 參考答案：

（1）漁父：勸屈原不要堅持己見，不妨放寬標準和大家一樣就好。

（2）屈原：寧死不屈，沒辦法為了生存而妥協，去做違背良心的事。

③ 參考答案：

謝謝你經歷了這麼多誤解和痛苦，仍然不畏孤立，堅持到現在。我了解你的委屈，也尊重你的選擇，你已經做得很好了，就算歷史不能改變，但你的滿腔深情，經過千百年依然會感動我們。

MEMO

千變萬化

一、主題動動腦——「千萬」要注意！

「千變萬化」中的「千」、「萬」，用極大的數字來誇飾事物無窮的變化。中文裡也常以「千□萬□」的結構來創造成語，請依照解釋，在空格中填入正確答案：

1.	千	＿＿	萬	＿＿	形容相互之間種種密切而複雜的關聯。
2.	千	＿＿	萬	＿＿	形容事情複雜紛亂，難以處理。
3.	千	＿＿	萬	＿＿	形容再三催促。
4.	千	＿＿	萬	＿＿	形容罪惡重大，死也不能抵罪。
5.	千	＿＿	萬	＿＿	形容雄壯的隊伍或浩大的聲勢。

二、閱讀素養混合題

請針對文本的內容，回答以下的問題：

1 （　）【擷取訊息】根據文章中的描述，下列關於賈誼的敘述，何者錯誤？

（A）賈誼和屈原一樣年輕有為，卻受人嫉恨，遭到君王放逐

（B）賈誼的〈弔屈原賦〉、〈鵩鳥賦〉，寫法介於騷賦之間

（C）〈鵩鳥賦〉和想像的對象問答的寫法，影響了後代賦體

（D）賈誼一展才學後擔任長沙太傅，卻自責長沙王之死而終

2 【統整解釋】文章中提到：「一個人越是強調自己『不在意』，越是凸顯他的內心有多在意。」你認為是為什麼呢？請將你的想法接寫在刪節號後面：

▶ 因為真正的「不在意」是……

3 【省思評鑑】李商隱曾經根據史書，對於賈誼被文帝召回長安問事的記載，寫下一首詩來評論這件事：

賈生　李商隱

宣室求賢訪逐臣，賈生才調更無倫。
可憐夜半虛前席，不問蒼生問鬼神。

意思是：

漢文帝訪求賢才，因而詔見曾遭貶謫放逐之臣，而這些臣子中就屬賈誼才氣最高，幾乎沒有人能和他相比。但可惜的是，漢文帝雖然在半夜裡空著座位接待賢士，卻不問百姓的事，反而只問些鬼神的事。

請問，你贊成李商隱用「可憐」這個詞語來評論賈誼嗎？為什麼？

解答

一、主題動動腦

1. 千絲萬縷
2. 千頭萬緒
3. 千呼萬喚
4. 千刀萬剮
5. 千軍萬馬

二、閱讀素養混合題

1. （D）【詳解】（D）賈誼一展才學後擔任梁王太傅，卻自責梁王之死而終。

2. 參考答案：

▶ 因為真正的「不在意」是……

拋在腦後，完全連想都想不起來，不會掛在嘴上，也不會放在心上。

3. 參考答案：

（1）贊成，賈誼明明有治理國家的才華，文帝卻問他一般算命先生可以回答的問題，不懂得賈誼真正的能力。所以賈誼空有學識，卻遇不到懂得欣賞他的明主，也未逢能夠一展長才的時代，實在是可惜又可憐。

（2）不贊成，漢朝可能很看重鬼神之事，而且鬼神這種超自然之事是一般人無法參透的，所以拿來問賈誼，是認為他的智慧超乎常人。而且賈誼也抓住了機會好好發揮，讓文帝看見他真正的實力，一點也不可憐、可惜。

MEMO

驚天動地

一、主題動動腦——「天地」都要驚呆了！

「驚天動地」形容聲音很大，後來形容聲勢驚人。中文裡也常以「□天□地」的結構來創造成語，你認為以下的圖，□該填入的是什麼字，才是符合圖意的成語呢？

1. ■天■地

2. ■天■地

3. ■天■地

4. ■天■地

二、閱讀素養混合題

請針對文本的內容，回答以下的問題：

1 【擷取訊息】圖書館的一本書裡，有段司馬相如的生平簡介，但是因為這本書的年代太久遠了，所以有幾個字被書蟲吃掉了。請問：依照你讀到的故事，這些□應該填入什麼呢？

> 司馬相如（前179年—前117年），本名犬子，因慕□相如爲人，故更名相如，字長卿，蜀郡（今四川省）成都人，一說爲四川蓬安縣人。西□辭賦家、政治家、文學家。其代表作品爲《子虛賦》，以及《子虛賦》的姊妹作《□□賦》。作品詞藻富麗，結構宏大，使他成爲漢賦的代表作家，後人稱之爲□□。他與卓文君的私奔故事也廣爲流傳。

2 （　）【統整解釋】文章提到了幾個和司馬相如有關的成語典故，請推敲文意，選出成語運用錯誤的選項：

（A）現代的年輕人，個個都想開創一番「驚天動地」的大事業

（B）聽說隔壁婦人「文君新寡」，所以她封閉自己，很少出門

（C） 最近流行極簡的室內裝潢，「家徒四壁」的風格最為時尚

（D） 〈桃花源記〉描繪得雖然美好，卻是「子虛烏有」的國度

3 【省思評鑑】司馬相如開創了漢賦誇張華麗的特色，受到漢武帝的青睞，然而後世也有人批評這種風格堆砌文字、太過浮誇。請問你贊成寫作時運用誇張的寫法嗎？為什麼？

解答

一、主題動動腦

1. 冰天雪地：形容氣候嚴寒。
2. 呼天搶地：叫喊上天，用頭撞地。形容極度哀傷、悲痛。
3. 談天說地：上至天文，下至地理，無所不談。形容人知識豐富，能廣泛談論各種事情。也可以用來描述漫無邊際的高談闊論。
4. 歡天喜地：非常歡喜高興的樣子。

二、閱讀素養混合題

❶ 藺相如、西漢、上林賦、賦聖

❷ （C）【詳解】（A）驚天動地：聲音很大。後來形容聲勢驚人（B）文君新寡：指丈夫死後不久，寡居的婦女（C）家徒四壁：家中只剩四面牆壁。形容家境貧困，一無所有。不適合用來形容裝潢的風格（D）子虛烏有：表示為不存在的、虛構的事物。

❸ 參考答案：

（1）贊成。人的想像力無限，文學世界本來就允許虛構、誇飾，只要恰當運用，會讓讀者覺得很有新鮮感，而且也可能像司馬相如一樣，鋪陳出強大的氣勢。

（2）不贊成。寫作應該要寫出真情實感，過度誇張的寫法無法引起讀者的共鳴，還容易讓人覺得在吹牛、炫耀，甚至像司馬相如一樣，被人認為在拍馬屁。

MEMO

臨川羨魚

一、主題動動腦——「魚」兒游到哪裡去？

小魚兒游啊游，卻不小心游進了一個海妖設下的文字迷宮，只有將正確的成語連線，才能找到出口。請幫小魚兒找到正確的路線，讓牠快回家吧！

臨	川	流	不	入	生
求	羨	量	而	出	動
水	魚	冠	獲	勞	閉
注	目	混	珠	聯	壁
意	義	地	完	璧	人
無	經	天	作	之	合

二、閱讀素養混合題

請針對文本的內容，回答以下的問題：

1. （　）【擷取訊息】如果有個機會乘坐時光機回到東漢時代，讓你一睹張衡本人的風采，依據他的生平故事，請判斷下列哪種情景最不可能出現？

（A）張衡在旅行途中，對自己的文章修修改改

（B）張衡看著星星，拿出畫筆在紙上塗塗抹抹

（C）張衡正在敲敲打打，製作測定地震的儀器

（D）張衡在戰場上，全副武裝和外族打打殺殺

2. 【統整解釋】「臨川羨魚」這個成語來自張衡〈歸田賦〉中的：「徒臨川以羨魚，俟河清以未期。」然而，以張衡這樣的「全能型人才」，還有什麼好「羨」的呢？從張衡的故事，以及〈歸田賦〉的前後文判斷，「臨川羨魚」的「魚」可能是比喻什麼呢？

3. 【省思評鑑】「臨川羨魚」有另一個完整的說法，叫做「臨淵羨魚，不如退而結網」，意思是與其羨慕別人，不如立即行動。請按照「□□□□，不如□□□□」的句型，仿寫一個意思相似的句子。

解答

一、主題動動腦

臨	川	流	不	入	生
求	羨	量	而	出	動
水	魚	冠	獲	勞	閉
注	目	混	珠	聯	壁
意	義	地	完	璧	人
無	經	天	作	之	合

二、閱讀素養混合題

1. （D）【詳解】（D）史上記載張衡擅寫辭賦、繪畫、發明，但完全不曾提及他曾經上戰場打仗。

2. 參考答案：

   （1）我認為他可能是羨慕**那些說他壞話的小人**，可以得到皇帝的信任。

   （2）我認為他可能是渴求**大展長才的機會**，可惜一切最後都徒勞無功。

   （3）我認為他可能是嚮往**太平盛世**，因為下一句剛好提到河清的比喻。

❸ 參考答案：

（1）紙上談兵，不如衝鋒陷陣。

（2）垂涎三尺，不如大快朵頤。

MEMO

絕世佳人

一、主題動動腦——「絕世佳人」來接龍

「絕世佳人」指的是前無古人、後無來者的大美女，但是在「絕世佳人」的前後各接一個詞語，卻能各成兩個成語。想想看，有什麼成語是「□□絕世」和「佳人□□」？

		絕	世	佳	人		

二、閱讀素養混合題

請針對文本的內容，回答以下的問題：

1. 【統整解釋】「傾城傾國」的「傾」字，有兩個解釋：一個是「傾覆」，指敗亡毀滅；一個是「傾倒」，指令人愛慕。如果依前者的解釋，「傾城傾國」指的是女子的美貌，有可能帶來禍害；依後者的解釋，則是誇飾女子美到讓所有人都為之痴迷。你認為哪個解釋比較合理？為什麼？

❷ （　）【統整解釋】小光讀完李夫人的故事，將文章中提到的成語用來造句，但卻不確定怎麼用。請問小光的四個造句，哪個用錯成語了呢？

（A）這位女神級的巨星，是國際認證的「絕代佳人」

（B）進行建設工程之前，都得要先「傾國傾城」才行

（C）古代的後宮嬪妃，特別害怕有天會「色衰愛弛」

（D）我和朋友約好周末一起打球，他卻「姍姍來遲」

❸【省思評鑑】李夫人為了讓漢武帝永遠記掛她的美貌，並因而特別照顧她的兒子和兄弟，所以臨終前狠心拒絕武帝，避不見面。如果你是一名古代的史官，你會如何評論李夫人這樣的做法？

解答

一、主題動動腦

超	俗	絶	世	佳	人	才	子

（1）超俗絶世：超越世人、凡俗。

（2）佳人才子：品貌不凡的女子和才華出眾的男子。泛指才貌相當，有婚姻或愛情關係的青年男女。

二、閱讀素養混合題

1 參考答案：

（1）我認為「傾覆」的解釋比較合理，因為古代的人認為太美的女人往往會成為「紅顏禍水」，而且詩裡寫「寧不知傾城與傾國，佳人難再得」，口氣上是：即使以一個國家作為代價來交換這個美女都值得。

（2）我認為「傾倒」的解釋比較合理，因為李延年是要寫詩稱讚她妹妹，不可能把她比喻為「紅顏禍水」，而是要以眾人為之傾倒來強調她的美。

（3）我認為有可能同時兼具兩個意思，這是一種雙關語。

❷（B）【詳解】（B）指傾覆城邦家國。通常用以形容女子的美豔，不能用以描述工程，故這裡使用不當。

❸ 參考答案：

（1）我認為這個方式非常冒險。伴君如伴虎，惹怒皇帝的下場，有可能導致她想保護的家人受到波及，輕則冷落，重則誅殺，根本是拿家人的未來作為賭注。

（2）我認為李夫人非常懂得帝王的心理，也非常懂得善用自己的優勢。她將美貌永遠定格在漢武帝的記憶中，讓漢武帝求而不得，是很聰明的心機。或許這分細膩的心思，以及小手段，才是她得寵的真正原因。

魚傳尺素

一、主題動動腦——「魚傳尺素」怎麼傳？

「魚傳尺素」是指傳遞書信，如果從「魚傳尺素」的最後一個字「素」，當作開頭往後接續成語，最後接回以「魚」為結尾的成語，請問中間可以放進哪些成語？（不限幾個成語）

＊例如：

魚傳尺素 → 素車白馬 → 馬齒徒長 → 長短不一 → 一面之緣 → 緣木求魚。

＊我的答案是：

魚傳尺素 →

→ □□□魚。

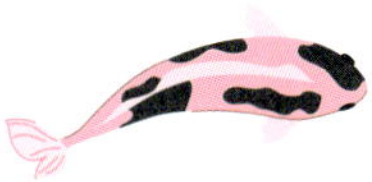

二、閱讀素養混合題

請針對文本的內容，回答以下的問題：

1. （　）【統整解釋】〈飲馬長城窟行〉中的前半部，使用了頂真的修辭方式，也就是將上一句的結尾詞語，當作下一句的開頭：

青青河畔草，綿綿思遠道。
遠道不可思，宿昔夢見之。
夢見在我旁，忽覺在他鄉。
他鄉各異縣，輾轉不相見。

這個寫法一向受後世稱讚，認為這種頂真的形式，恰好巧妙的表現出作者的情思，請推敲詩意，選出這個寫法最巧妙之處：

（Ａ）這種寫法可以表現夫唱婦隨的恩愛
（Ｂ）連貫念法可以呼應連綿不絕的相思
（Ｃ）頂真修辭可以呈現女性的喋喋不休
（Ｄ）前後連結可以展現婚姻關係的穩定

2. （　）【統整解釋】古代習慣將書信放進鯉魚形信匣，所以用「鯉魚」代稱書信。試著從前後文推測，下列詩句中提到的「鯉魚」，最不可能指書信？

（Ａ）面前小沼清如鏡，終養琴高赤**鯉魚**。（貫休．〈瀫江秋居作〉）

（B）嵩雲秦樹久離居，**雙鯉**迢迢一紙書。（李商隱．〈寄令狐郎中〉）

（C）淮上東來雙**鯉魚**，巧將詩信渡江湖。（蘇軾．〈次韻劉景文見寄〉）

（D）尺素如殘雪，結為雙**鯉魚**。欲知心裡事，看取腹中書。（李冶．〈結素魚貽友人〉）

3 【省思評鑑】〈飲馬長城窟行〉中，最後很簡潔的交代了家書的內容：「上言加餐食，下言長相憶」。請加入你的想像，以白話寫作，為這封信加上開頭和結尾，讓這封信更加完整。

解答

一、主題動動腦

參考答案：

（1）素不相識 → 識多才廣 → 廣結善緣 → 緣木求魚

（2）素行不良 → 良藥苦口 → 口口聲聲 → 聲勢浩大 → 大駕光臨 → 臨川羨魚

（3）素昧平生 → 生死有命 → 命不該絕 → 絕世佳人 → 人一己百 → 百無一漏 → 漏網之魚

二、閱讀素養混合題

1 （B）【詳解】（B）這一大段的主題句是「綿綿思遠道」，所以扣緊了「思」字發揮，頂真修辭的連貫，恰好可以呼應「綿綿」的「思念」之情。

2 （A）【詳解】（A）描述在自然景色中有琴有魚的山居生活。可從前後文判斷，這裡的「鯉魚」是指真正的魚（B）關鍵詞：離居、一紙書（C）關鍵詞：詩信（D）關鍵詞：尺素、腹中書。

❸ 參考答案：

親愛的老婆：

我在軍中一切安好，雖然辛苦，但至少不缺糧食。孩子呢？不知道是不是長高長胖了？你自己也要多吃一點，保重身體，等我回來。我非常想念你們，相信你們也很想念我。真希望能早點回家！

想念你的老公

羅敷有夫

一、主題動動腦——「有」什麼了不起？

「使君有婦」、「羅敷有夫」看起來是非常白話的成語，但中文裡確實常出現「□□有□」成語，請寫出五個來：

1. ○○有○
2. ○○有○
3. ○○有○
4. ○○有○
5. ○○有○

二、閱讀素養混合題

請針對文本的內容，回答以下的問題：

1 （ ）【擷取訊息】文章中提及：「〈陌上桑〉前半段除了描寫羅敷採桑時的衣著打扮，還透過『現場觀眾』的反應來渲染羅敷的美貌。」以下四個選項都選自〈陌上桑〉原本的詩句，請試著判斷何者是屬於「透過『現場觀眾』的反應來渲染羅敷的美貌」？

（A）青絲為籠係，桂枝為籠鉤

（B）頭上倭(ㄨㄛ)墮髻(ㄐㄧˋ)，耳中明月珠

（C）緗(ㄒㄧㄤ)綺(ㄑㄧˇ)為下裙，紫綺為上襦(ㄖㄨˊ)

（D）行者見羅敷，下擔(ㄉㄢˋ)捋(ㄌㄩˇ)髭(ㄗ)鬚。

2 （　）【統整解釋】〈陌上桑〉這首詩，多次使用了「烘托」的手法，因此產生許多言外之意，下列關於這首詩的「言外之意」，敘述何者正確？

（A）這首詩透過路人只敢遠觀不敢接近，來表現羅敷的清高

（B）這首詩透過羅敷直言使君的不是，表現出羅敷的大無畏

（C）這首詩透過使君的詢問，側面表現出使君的禮貌與風度

（D）這首詩透過羅敷誇讚自己丈夫，顯現羅敷對夫婿的崇拜

3 【省思評鑑】如果你像羅敷一樣，在路上遇到一群人，其中有一位出名的公眾人物當街向你搭訕，除了問你姓名、年齡，還問你要不要坐他的車。如果你想拒絕，你會像羅敷一樣罵他嗎？為什麼？

解答

一、主題動動腦

1. 心裡有數（心中清楚明白。）
2. 隔牆有耳（牆外有人偷聽，祕密外洩。）
3. 後會有期（以後還有相見的時候。離別時多用此語以安慰對方。）
4. 名花有主（今多比喻女孩子已經有了所屬對象。）
5. 三生有幸（指由過去多世修來的福分，今多用以謙稱榮幸之至。）

二、閱讀素養混合題

1. （D）【詳解】（A）她提的竹籃有青絲做繩子，還有桂枝穿成精巧掛勾（B）她的頭上梳了斜斜的墮馬髻，耳上掛著閃亮的明月珠（C）她穿著淺黃色的絲綢下裙，和紫色的短襖上衣。以上是屬於直接描述，而（D）每個路人經過看見，都會不自禁地放下擔子，手撫鬍鬚忘神凝視。這才是「側面描寫」。

2. （B）【詳解】（A）對比出使君的積極卻無禮（C）使君的一再提問，表現出對羅敷很感興趣，最後直接邀約羅敷共乘一車，不合禮數（D）這是羅敷讓使君知難而退的方法，表現出的是羅敷的智慧。

3 參考答案：

（1）我會，因為對於無禮的人來騷擾，唯有態度堅定、狠狠斥責，才能劃清界線，避免對方糾纏不清。如果立場模糊或好聲好氣的委婉拒絕，有可能對方覺得自己好欺負，得寸進尺。

（2）我不會，因為為方人多勢眾，罵他不能保證自己可以全身而退，而且對方是公眾人物，罵他如果讓他惱羞成怒，難保會不會惹禍上身。所以，可以拒絕，但不一定要用罵人的方式表現。

MEMO

秉燭夜遊

一、主題動動腦——「秉燭夜遊」玩什麼？

「秉燭夜遊」指的是手持蠟燭夜裡遊樂，對古人而言，動動腦就是一種玩樂，請你跟著動動腦，想想看，以下固定了位置的「秉」、「燭」、「夜」、「遊」，分別可以造出什麼成語呢？請由上至下，分別寫出四個成語：

秉			
	燭		
		夜	
			遊

二、閱讀素養混合題

請針對文本的內容，回答以下的問題：

1 【統整解釋】作者提到「古詩十九首」中，常常出現「人生短暫」的主題，可能來自於下列哪些原因？請勾選文章裡所提到的寫作背景：

□（甲）天然災害頻繁　□（乙）小人陷害無辜

□（丙）戰爭接連不斷　□（丁）瘟疫造成恐慌

□（戊）大臣威脅平民　□（己）文人秉燭夜遊

2 （　）【統整解釋】下列哪一個選項中的詩句，和「晝短苦夜長，何不秉燭遊」一樣可以看出，具有「及時行樂」的生活態度？

（A）棄捐勿復道，努力加餐飯。（古詩十九首之一〈行行重行行〉）

（B）人生忽如寄，壽無金石固。（古詩十九首之十三〈驅車上東門〉）

（C）人生得意須盡歡，莫使金樽空對月。（李白〈將進酒〉）

（D）花徑不曾緣客掃，蓬門今始為君開。（杜甫〈客至〉）

3 【省思評鑑】如果你是東漢時候的文人，身邊不斷有人因為天災、人禍等各種狀況逝去，你感受到死神步步逼近，似乎過幾天就會輪到你，請問你會怎麼做？

解答

一、主題動動腦

秉	風	夙	舊
公	燭	興	地
無	殘	夜	重
私	年	寐	遊

（1）秉公無私：做事態度憑據公理而無私心。

（2）風燭殘年：「風燭」，燈燭在風中搖曳，明暗不定，也極易滅熄。比喻人生命可危。「殘年」，暮年。「風燭殘年」形容人身體孱弱，不久於世的晚年。

（3）夙ㄙㄨˋ興夜寐：早起晚睡。形容終日勤勞。

（4）舊地重遊：再度到曾經去過的地方遊玩。

二、閱讀素養混合題

1 【答案】（甲）（乙）（丙）（丁）【詳解】由於東漢接連發生地震、風災、水災、旱災等，對老百姓的身家安全造成極大威脅，再加上小人當道、戰亂不斷，甚至還有瘟疫！從大臣到平民，人人自危，過著「不知道明天先來，還是死亡先到」的生活。並未提及（戊）大臣威脅平民，而（己）文人秉燭夜遊是寫作內容，屬於結論，並不是原因。

2 （C）【詳解】（A）這兩句是妻子想念遠方的丈夫，希望對方多吃一點、保重身體（B）這兩句是感嘆時間短暫，但是並沒有直接提到及時行樂的觀念（C）語譯：人生高興的時候要盡情享樂，不要讓裝酒的金杯空對著月亮（D）這兩句是表達平常很少有訪客，而有客來訪時的歡欣與殷勤。

3 參考答案：

（1）照常做自己該做的事情，保持平常心，因為擔心於事無補。

（2）我會想盡辦法逃離現在的環境，遠走他鄉。

（3）我會列出自己的「夢想清單」，把自己想做的事趕快做一做。

百無聊賴

一、主題動動腦——你有多「無聊」？

「百無聊賴」就是現代人說的「無聊」，但是它原本的意思是：精神上無所寄託，感到什麼都沒意思。請問還有哪些成語，意思和它相近，也有「提不起勁」的涵義呢？

1. 興 味 □ 然
2. 意 興 □ □
3. 心 □ 意 □
4. □ □ 無 聊
5. 無 □ □ □

二、閱讀素養混合題

請針對文本的內容，回答以下的問題：

1. 【擷取訊息】看完蔡琰的故事後，請按照時間線索，排出正確的故事順序：

（甲）遭到俘虜而受盡欺侮

（乙）曹操贖回而離開孩子

（丙）婚後丈夫過世而守寡

（丁）聽從父執輩安排改嫁

❷ （　）【統整解釋】下列選項都是引用〈悲憤詩〉的詩句，請問關於這些詩句的敘述，何者正確？

（A）「馬邊懸男頭，馬後載婦女」：具體勾勒曹操如何慘無人道的殘害平民

（B）「旦則號泣行，夜則悲吟坐」：生動刻劃孩子傷心不捨母親離開的模樣

（C）「煢煢對孤景，怛咤糜肝肺」：透過悲慟哭喊深刻展現內心的孤獨無依

（D）「爲復強視息，雖生何聊賴」：平實抒發父女二人生無可戀的厭世情緒

❸ 【省思評鑑】依照文中敘述，你認為蔡琰慨嘆「雖生何聊賴」，可能來自於哪些方面的痛苦？

解答

一、主題動動腦

1. 興 味 索 然
2. 意 興 闌 珊
3. 心 灰 意 冷
4. 窮 極 無 聊
5. 無 精 打 采

二、閱讀素養混合題

1. 丙 → 甲 → 乙 → 丁

2. （C）【詳解】（A）並非曹操，而是董卓造成的內憂與胡人造成的外患（B）這兩句描述的是俘虜過的悲慘日子（D）蔡琰回到中原已經失去至親，所以並非父女二人，只有蔡琰一人。

3 參考答案：

我認為她的痛苦可能來自於幾個方面：

（1）生逢亂世，遭到俘虜，出身書香世家的她，更明顯無法忍受言行欺辱

（2）在胡邦受辱，好不容易將孩子當作心靈依靠，卻因為可以返鄉而兩難

（3）狠心拋下孩子回到中原，卻發現人事全非，無親無故，還要嫁新對象

（4）回到中原，還要因為失節苟活遭到非議，走在路上都可能被指指點點

MEMO

奇文共賞

一、主題動動腦——什麼「奇文」能「共賞」？

「奇文共賞」是指大家共同欣賞美妙的文章。以下是老師在批改學生作文時常出現的評語，如果要從裡面挑出優秀的作品給同學們欣賞，什麼樣的評語才是指作品出色，值得老師拿來「奇文共賞」呢？請圈選出來。

擲地有聲	斐然成章	詞不達意	自出機杼
字字珠璣	虎頭蛇尾	乏善可陳	文情並茂
匠心獨運	妙筆生花	不蔓不枝	味同嚼蠟
一針見血	短小精悍	文不對題	出口成章

二、閱讀素養混合題

請針對文本的內容，回答以下的問題：

1 （　）【擷取訊息】〈移居〉一詩中，以「樂」字為文眼，表現出陶淵明搬家的喜悅，請問在這首詩中，陶淵明的「樂」從何而來？

（A）因為占卜算到這裡是一塊風水寶地

（B）因為能和素心人朝夕相處共賞奇文

（C）因為火災促使他達成了多年的願望

（D）因為鄰居拿著床鋪和草薦和他分享

2 【統整解釋】陶淵明的〈移居〉二首之一，可以從「奇文共欣賞」看得出他和鄰居之間「以文會友」的雅事，請問從：（1）以下〈移居〉二首之二之中，有哪一句話也看得出他們「以文會友」？（2）你認為哪句話最能具體看出鄰居之間的好感情呢？為什麼呢？

春秋多佳日，登高賦新詩。過門更相呼，有酒斟酌之。

農務各自歸，閒暇輒相思。相思則披衣，言笑無厭時。

此理將不勝？無爲忽去兹。衣食當須紀，力耕不吾欺。

（1）

（2）

3 【省思評鑑】如果你是陶淵明的家人，例如妻子、兒女，面對陶淵明寧可餓死、窮死，也「不爲五斗米折腰」的態度，你認同嗎？為什麼？

解答

一、主題動動腦

【正確答案】

擲地有聲、斐然成章、自出機杼、字字珠璣、文情並茂、匠心獨運、妙筆生花、不蔓不枝、一針見血、短小精悍、出口成章。

【詳解】

（1）擲ㄓˊ地有聲：形容文辭巧妙華美、音韻鏗鏘有致。

（2）斐ㄈㄟˇ然成章：形容言語或文章富有文采，且成章法。

（3）自出機杼ㄓㄨˋ：比喻詩文的組織、構思，別出心裁，獨創新意。

（4）字字珠璣ㄐㄧ：形容句子或文章中遣詞用字非常優美。

（5）匠心獨運：運用精巧高妙的創作構想與心思。

（6）不蔓ㄇㄢˋ不枝：比喻文章簡潔而流暢。

（7）味同嚼ㄐㄧㄠˊ蠟ㄌㄚˋ：像吃蠟一樣，沒有一點兒味。形容語言或文章枯燥無味。

（8）一針見血：比喻議論透澈而中肯。

（9）短小精悍：比喻文章或發言短而有力。

二、閱讀素養混合題

1 (B)【詳解】(A) 一開始就說「非為卜其宅」(C) 心願達成很開心，但不是因為火災促成而快樂 (D) 詩中未提及。

2 參考答案：

(1) 從「登高賦新詩」看得出以文會友。

(2) 我認為「過門更相呼，有酒斟酌之」特別生動，鄰居之間像家人一樣打招呼，有酒就喝個幾杯再走，互動非常親密熟稔，而且是自然流露，而非刻意裝作親切。／我認為「相思則披衣，言笑無厭時」最能看出彼此的好感情。對比現代人鄰居可能相見不相識，想念鄰居時就立刻披著衣服去拜訪，而且說說笑笑，沒有厭煩的時候，一定要非常投緣才行，這樣的感情可能比一般的點頭之交還要好上許多。

3 參考答案：

(1) 我認同。我認為在大多數人都很窮的時代，他給我們一家人樹立了重要的精神典範，這就是最好的禮物。

(2) 我不認同。我認為先要有溫飽，才能談理想，作為一家之主，這樣的決定並沒有考慮到家人的生活，其實非常自私。

一片冰心

一、主題動動腦——你的心是什麼「心」？

「一片冰心」比喻人冰清玉潔、恬靜淡泊的性情。中文裡，有關「心」的成語很多，請問有什麼成語和「一片冰心」一樣，是以「心」為結尾的呢？

1. ◯◯之心　嬰兒的心。比喻純潔、善良的心地。

2. ◯◯同心　齊心合力，團結一致。

3. 包◯◯心　懷藏詭計，圖謀害人。

4. ◯目◯心　目光所及，令人內心深受衝擊。

5. 人◯◯心　形容文化未開，不懂禮儀。

二、閱讀素養混合題

針對文本的內容，回答以下的問題：

1. （　）【擷取訊息】綜合文中引用了三首王昌齡的代表作：〈芙蓉樓送辛漸〉、〈出塞〉、〈閨怨〉，可以知道：

（A）王昌齡的詩歌題材包羅萬象

（B）王昌齡擅長寫作精簡的七絕

（C）王昌齡遭人誣陷而仕途坎坷

（D）王昌齡寫詩的風格雄渾豪邁

2. 【統整解釋】中國文人常在詩歌裡用松、柏、竹、菊等植物來表現自己的氣節，你認為王昌齡「一片冰心在玉壺」的比喻，和用植物來自比品格，有什麼差異？

3. 【省思評鑑】本書作者提到：「有些事，對喜歡你的人不用解釋，對不喜歡你的人，解釋也沒有用。」你贊成這個說法嗎？

解答

一、主題動動腦

1. 赤 子 之 心
4. 觸 目 驚 心
2. 戮 力 同 心
5. 人 面 獸 心
3. 包 藏 禍 心

二、閱讀素養混合題

1 （B）【詳解】（A）只有三首詩，無法看出是否包羅萬象（C）只讀這三首詩看不出他的仕途如何（D）他寫的邊塞詩雄渾豪邁，但閨怨詩或送別詩的風格則不是如此。

2 參考答案：

我認為最大的差別在於，「冰心」、「玉壺」是沒有生命的器物，象徵他了無生趣的生活，暗示他寫楚山「孤」其實也是在講自己處境孤獨，孤立無援。而「冰」和「玉」又給人寒冷的聯想，呼應他開頭的「寒」雨，一方面和整首詩的情境更貼近，另一方面則暗示了自己的心寒。此外，「冰心」和「玉壺」讓人聯想到「冰清玉潔」這個成語，比起松、柏、竹、菊等植物，都更具備了澄澈、潔淨的特質，所以更能彰顯王昌齡的「清白」、沒有心機。

3 參考答案：

(1) 我贊成，我自己的親身體驗就是如此，喜歡你的人往往願意無條件的信任你，所以無論你做了什麼，不用解釋，他就會相信你。而不喜歡你的人對你帶有偏見，無論怎麼解釋，對方都聽不進去。

(2) 我不贊成，喜不喜歡是主觀感受，相不相信可以用客觀事實判斷。所以，該解釋的時候，還是要為自己站出來說話，如果講得有道裡，說不定不喜歡你的人也有可能站在你這邊。

春樹暮雲

一、主題動動腦——我和「春天」有個約會

「春樹暮雲」並列春天的樹、日暮的雲，兩組名詞，象徵思念遠方友人的意思。中文裡，除了有非常多帶有「春」字的成語，而且還特別多運用兩組名詞組合而成的成語，請填入正確的成語：

1. 春 ＿ 秋 ＿ 　比喻美好的時光與景物。
2. 春 ＿ 秋 蛇 　比喻書法拙劣。
3. 春 蘭 秋 ＿ 　比喻不同時節，各有美景。
4. 春 ＿ 時 ＿ 　用於對教育界或教育人士的題辭。
5. 春 華 秋 ＿ 　一為比喻外在和本質皆有優點。二為比喻努力與成果過程的因果關係。

二、閱讀素養混合題

請針對文本的內容，回答以下的問題：

1 （　）【擷取訊息】梳理文章的內容，請判斷以下事件的時間，哪個順序完全排列正確呢？

（A）李杜兩人相識→李白聞名天下→杜甫沒沒無聞

（B）李白聞名天下→安史之亂爆發→杜甫沒沒無聞

（C）安史之亂爆發→杜甫參與政變→李白寫詩抗議

（D）李杜兩人相識→安史之亂爆發→李白流放夜郎

2 （　）【統整解釋】比較「春樹暮雲」、「落月屋梁」、「天末涼風」三個成語的異同，請問下列敘述何者錯誤？

（A）三個成語都指觸景生情，想起友人

（B）三個成語都來自杜甫想念李白的詩

（C）三個成語都包含了視覺摹寫的修辭

（D）三個成語後來都用來形容思念故人

3 【省思評鑑】如果你非常崇拜某個偶像，或是特別喜歡某個朋友，但是一直得不到回應，請問你會像杜甫一樣繼續崇拜他、喜歡他？或者，你會覺得沮喪，而放棄崇拜和喜歡對方呢？為什麼？

解答

一、主題動動腦

1. 春　花　秋　月

2. 春　蚓　秋　蛇

3. 春　蘭　秋　菊

4. 春　風　時　雨

5. 春　華　秋　實

二、閱讀素養混合題

1. （D）【詳解】（A）李白聞名天下和杜甫沒沒無聞，是同時間的事情，後來才有李杜兩人相識 （B）李白聞名天下和杜甫沒沒無聞，是同時間的事情，後來才有安史之亂爆發（C）杜甫並未參與政變，李白並未寫詩抗議。

2. （C）【詳解】（C）前兩個成語是視覺摹寫，「天末涼風」是觸覺摹寫。

3 參考答案：

（1）我會繼續。我崇拜這個偶像，或喜歡這個朋友，是我單方面的感受，不能要求對方也和我有相同的感覺，更不須對方回應，只要對方快樂，即使對方快樂的源頭不是我，也沒關係。

（2）我會放棄。一直得不到任何回應的情感，其實會覺得很受傷。而且世界上有那麼多人值得崇拜，有那麼多朋友值得喜歡，不需要為了不在乎你的人而患得患失。

MEMO

一無所知

一、主題動動腦——「一無所知」怎麼辦？

蘇格拉底有句名言說：「我所知道的就是我一無所知。」表現出他謙虛的態度。以下的空格把「一無所知」藏在裡面，請不用太謙虛，有自信的填出正確的答案來：（由左而右，由上而下）

	身				
一			知		
	長				
		換		移	
			風	化	

二、閱讀素養混合題

請針對文本的內容，回答以下的問題：

1 （　）【擷取訊息】〈悲哉行〉這首詩分為三大部分，第一部分寫讀書人如何力爭上游，第二部分寫紈褲子弟如何荒淫無度，第三部分是作者白居易的感想。請問下列選項引用的詩句，何者配對錯誤？

（A）十上方一第，成名常苦遲 → 第一部分

（B）狀貌如婦人，光明膏粱肌 → 第一部分

（C）朝從博徒飲，暮有倡樓期 → 第二部分

（D）山苗與澗松，地勢隨高卑 → 第三部分

2 小吉和同學來到故宮博物院參觀，因為專業人員導覽的時候，他漏聽了一段，想問同學剛剛說了什麼，請依照下面同學們的回應，告訴小吉，有哪幾位同學能為他解答呢？請勾選出適當人選：

1. □小光：我對這些一無所知。
2. □小國：開玩笑！我無所不知，無所不曉。
3. □小文：我對這些文物可是如數家珍呢！
4. □小教：我是不甚了了啦！
5. □小室：我對歷史之類的事一竅不通。

3 【省思評鑑】白居易在〈悲哉行〉一詩的結尾，感嘆：「山苗與澗松，地勢隨高卑。」意思是再怎麼不成材的人，只要家世背景夠有力，整個人的地位也就跟著水漲船高；再怎麼出類拔萃的人，只要出身貧寒，再怎麼努力，地位都很難比得上那些家世優越的人。你贊成這樣的說法嗎？為什麼？

解答

一、主題動動腦

	身				
一	無	所	知		
	長			潛	
	物	換	星	移	
				默	
		春	風	化	雨

二、閱讀素養混合題

1. （B）【詳解】（B）這是描寫膏粱子弟們過著怎樣的優渥生活，以致每個人都白白嫩嫩，所以屬於第二部分。

2. 【答案】2. 小國、3. 小文【詳解】不甚了了：心裡不很清楚。

3 參考答案：

(1) 我贊成這樣的說法，因為出身貧寒的人，從出生開始的資源就比原本社經地位高的家庭少。而家世優越者的財富、人脈、權勢，都是累積了好幾代了，所以普通人再怎麼努力，要能追得上他們，非常困難。

(2) 我不贊成這樣的說法，現代的社會，人人可以擁有表現自我的機會，不一定只能靠讀書、考試翻轉人生了。出身貧寒卻成為富商、明星、金牌得主的人比比皆是，和唐朝的時空背景，已經不可同日而語。

MEMO

不堪回首

一、主題動動腦——問君能有多「不堪」？

「不堪回首」中的「不堪」，意思是不能忍受或無法承受，除了「不堪回首」，中文裡還有許多四字詞語，都帶有「不堪」這個詞。請試著填入你想到的答案：

不	堪	○	○
○	不	堪	○
○	○	不	堪

二、閱讀素養混合題

請針對文本的內容，回答以下的問題：

1 （　）【擷取訊息】李煜由於人生遭逢巨變，因此寫作風格出現極大的變化，請問關於他的風格變化，下列敘述何者錯誤？

（A）他前期的風格比較華麗浪漫

（B）他前期的內容多寫宮廷生活

（C）他後期的風格比較哀傷淒涼

（D）他後期的內容多寫戰爭生活

❷（　）【統整解釋】「詞」在古代就是一種音樂文學，和現在的「歌詞」有異曲同工之妙。請問下列現代流行歌詞，何者最能貼近「不堪回首」的意境呢？

（A）如果可以／我想和妳回到那天相遇／讓時間停止／那一場雨（韋禮安〈如果可以〉）

（B）你要我說多難堪／我根本不想分開／為什麼還要我用微笑來帶過（周杰倫〈安靜〉）

（C）往事不要再提／人生已多風雨／縱然記憶抹不去／愛與恨都還在心裡（林憶蓮、李宗盛〈當愛已成往事〉）

（D）一生熱愛／回頭太難／苦往心裡藏／情若不斷／誰能幫我將你忘（張學友〈回頭太難〉）

❸【省思評鑑】如果人生只能二選一，你希望像李後主這樣，曾經擁有天底下最美好的人事物，才失去？還是從來不曾擁有過？

解答

一、主題動動腦

不	堪	一	擊
苦	不	堪	言
狼	狽	不	堪

二、閱讀素養混合題

1. （D）【詳解】（D）他後期的內容大部分是抒發國破家亡的傷痛。

2. （C）【詳解】（A）剛好和「不堪回首」相反，是希望回到過去（B）雖然有「不」、「堪」，但強調的是情人提出分手時，自己無法接受卻還要強顏歡笑的難堪，並未直接表達「不堪回首」（C）表現出不忍再回憶過去的經歷或情景（D）這裡的「回頭太難」指的是這段戀情無法從頭再來過，即使是苦戀，情意只會不斷滋長，所以難以忘記對方。

3 參考答案：

（1）我寧可不曾擁有。因為沒有得到過，就不會感受到失去的痛苦。與其像李煜那樣從巔峰跌到深淵，不如平平淡淡過一生。

（2）我還是希望曾經擁有。雖然失去了會痛苦，但是人生短暫，各種滋味都嘗過，各種體驗都經歷過，才不枉來世上一遭。

MEMO

大江東去

一、主題動動腦——「大江東去」依然在

「大」、「江」、「東」、「去」四個字都是中文裡很簡單的字，組合起來卻形成磅礴的氣勢。以下分別用「大」、「江」、「東」、「去」當作開頭，請問你會想到哪些成語呢？

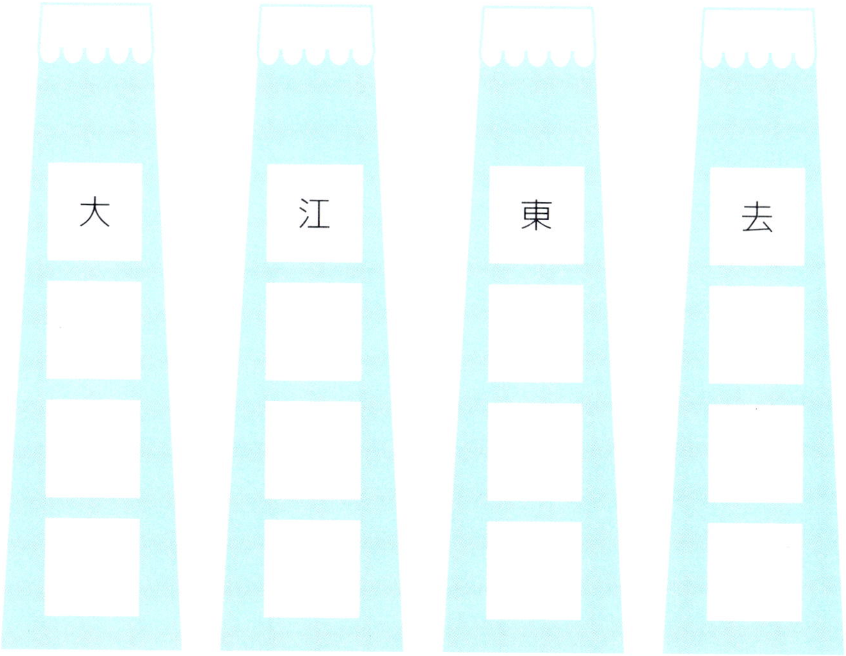

二、閱讀素養混合題

請針對文本的內容，回答以下的問題：

1 （　）【擷取訊息】如果蘇軾的人生故事要拍成電影，其中編劇和導演想將〈念奴嬌〉這闋詞，拍成電影中的一個片段，請問他們討論過程中，有哪個細節和原作的內容最為不同？

（A）導演：「我覺得畫面一開始就要拍蘇軾站在岸邊俯瞰江水東去。」

（B）編劇：「坐在船上過江也可以，但是水勢一定要特別磅礴才行。」

（C）導演：「再疊上赤壁大戰，火燒戰船的想像畫面，一定很壯觀！」

（D）編劇：「最後特寫羽扇綸巾的諸葛亮，談笑間指揮若定的樣子。」

2 【統整解釋】「大江東去」比喻時光流逝不復返。請問下列哪些成語也是指時光流逝呢？請勾選出來：

□（甲）光陰似箭　□（乙）危在旦夕

□（丙）鏡花水月　□（丁）暮鼓晨鐘

□（戊）白駒過隙　□（己）日新月異

□（庚）早出晚歸　□（辛）烏飛兔走

□（壬）冬扇夏爐

3 【省思評鑑】古人認為，如果要唱〈念奴嬌〉，「須關西大漢，銅琵琶、鐵綽板」。意思是，歌手必須要有豪邁的聲線或氣質，伴奏的樂器也必須要是鏗鏘的金石之聲，才能展現這闋詞的氣勢。依照這樣的標準，請問，現代人如果想要重唱〈念奴嬌〉，你認為哪位流行音樂的歌手，或是什麼樂器才能更貼近這闋詞想表現的風格呢？

解答

一、主題動動腦

大刀闊斧

江郎才盡

東窗事發

去蕪存菁

【詳解】

（1）大刀闊斧：大刀、闊斧，為兩種兵器。「大刀闊斧」形容軍隊聲勢浩大，殺氣騰騰。後用來形容做事果斷、有魄力。

（2）江郎才盡：指江淹晚年才思減退，所作詩文皆無佳句。後用來比喻文人的才思枯竭，無法再創佳句。

（3）東窗事發：在東窗下的密謀已經被揭發。後用來指陰謀或非法勾當敗露。

（4）去蕪ㄨˊ存菁ㄐㄧㄥ：去除雜亂，保留菁華。

二、閱讀素養混合題

1. （D）【詳解】（D）〈念奴嬌〉想像的主角是周瑜，羽扇綸巾也是形容周瑜。

2. 【答案】（甲）（戊）（辛）【詳解】（乙）比喻危險在短時間內即將來臨（丙）鏡中的影像，水裡的月亮。比喻虛幻不實在（丁）是佛寺中早晚報時的鐘鼓。比喻使人警醒的力量（戊）白駒，駿馬。隙，縫隙。「白駒過隙」指快馬從縫隙一下子就奔馳過去。比喻時間過得很快（己）每天每月都有新的發展和進步（庚）早上很早出門、晚上很晚才回來，表示一整天都在外面（辛）古代傳說太陽中有金烏，月亮中有玉兔。比喻日月運行，光陰流逝快速（壬）冬天的扇子，夏天的火爐。比喻不合時宜，毫無用處。

3. 參考答案（自由發揮）：
   （1）我覺得「動力火車」的重唱組合可以一試，他們一個音色厚實，一個聲線高亢，和聲的時候很適合「飆歌」，唱特別激昂的歌曲。
   （2）我認為歌曲中一定要有鼓，無論是大鼓或小鼓，都非常適合表現戰爭的激烈，在〈念奴嬌〉中段的部分伴奏，會勾起大家對赤壁大戰的想像。

乍暖還寒

一、主題動動腦──你「還」記得嗎？

中文裡，除了「乍暖還寒」，還有許多成語剛好是「還」在第三個字的成語，請問你想到哪些呢？請依照解釋填入正確答案：

1.	告		還		年老辭職，回到家鄉。
2.		老	還		比喻年老卻如年輕人般的健壯有精力。
3.	買		還		比喻捨本逐末，取捨失當。
4.	欲		還		形容情意複雜，難以表達。
5.			還	鄉	形容人功成名就後榮歸故鄉。

二、閱讀素養混合題

請針對文本的內容，回答以下的問題：

1 （　）【擷取訊息】根據李清照的生平故事，下列敘述，何者完全正確？

（A）在少女時期，詞作風格蒼涼，能寫出獨居老人的心聲

（B）慘遭丈夫趙明誠虐待，所以形容自己「人比黃花瘦」

（C）中年再嫁之後遭人騙婚與家暴，狀告丈夫不成還入獄

（D）作品〈聲聲慢〉開頭巧用七組疊字詞，寫法空前絕後

2 （　）【統整解釋】以下標題來自各種不同類型的新聞報導，都使用到「乍暖還寒」這個成語，請問哪個標題使用的方式最不適當呢？

（A）《健康週報》：「乍暖還寒溫差大，護心防寒保平安」

（B）《社會頭條》：「乍暖還寒風氣壞，不良少年當街搶」

（C）《工商時報》：「景氣乍暖還寒，施政切勿掉以輕心」

（D）《農民日報》：「立春時乍暖還寒，保暖養肝抗風邪」

3 【省思評鑑】以李清照的聰明才智，為什麼會識人不清，竟然看不出張汝舟的居心不良，還選擇和他結婚呢？

解答

一、主題動動腦

1. 告老還鄉
2. 返老還童
3. 買櫝還珠
4. 欲說還休
5. 衣錦還鄉

二、閱讀素養混合題

1. （D）【詳解】（A）文中並未有這樣的描述（B）「人比黃花瘦」是敘述對趙明誠的相思之情（C）文章並未提到她「狀告丈夫不成」，她入獄是因為在宋朝，妻子如果告發丈夫，就算丈夫確實有罪，妻子都要先坐牢，才能離婚。

2. （B）【詳解】「乍暖還寒」指氣候冷熱不定，忽冷忽熱。（A）、（D）都運用本義，故正確。（C）若以比喻方式視之，當作社會經濟發展狀況時好時壞也可以。但是（B）用來「風氣」較不妥當，因為「風氣」是整體慢慢形成的，不太容易在短時間內時好時壞。

3 參考答案：

首先，不能說是李清照識人不清，因為故意隱藏本性的騙子，是不會被輕易識破的，加害者才是犯錯的人，不能檢討被害者。再來，李清照歷經國家滅亡、丈夫病死等種種慘事，內心頓失所依，身邊還帶著價值連城的收藏，在這種特別脆弱的時候，張汝舟故意乘虛而入，李清照自然特別容易接受這番溫情。然而在發現張汝舟的真面目後，李清照果斷的選擇離婚，即使要坐牢也在所不惜，這等魄力，正是一代才女超越時代的自主風範。

MEMO

夕陽西下

一、主題動動腦——「夕陽西下」下到哪兒？

有首民謠唱：「太陽下山明天還是爬上來」，「夕陽西下」之後隔天，還是會從東方升起。請以「夕陽西下」為開頭，從「下」字接龍成語，接到以「日」為開頭的成語為止？（中間不限幾個成語）

我的答案是：

夕陽西下 →

→ 日□□□。

二、閱讀素養混合題

請針對文本的內容，回答以下的問題：

1. （　）【擷取訊息】以下關於馬致遠〈天淨沙〉的筆法賞析，何者錯誤？

（A）形容詞大多是負面並具有衰敗氣息的，呼應心情的灰暗

（B）沒有明顯聽覺摹寫，以昏鴉、流水的聲音聯想映襯寂靜

（C）觸覺摹寫的聯想來自瘦馬，帶來涼意和內心的淒冷孤獨

（D）「夕陽西下」除了帶出些微的動態，同時象徵人到暮年

2 【統整解釋】馬致遠的〈天淨沙〉：「枯藤老樹昏鴉，小橋流水人家，古道西風瘦馬。夕陽西下，斷腸人在天涯。」詩中將很多名詞並列，卻沒有說明這些意象的空間位置，留給讀者很大的想像空間。如果要你畫出你心中的〈天淨沙〉，你會怎麼畫呢？請畫在下列框中。

3 【省思評鑑】文中比較了馬致遠和白樸兩人的〈天淨沙〉，兩人都寫秋天的感思，你認為誰寫得比較好，為什麼？

解答

一、主題動動腦

【參考答案】

夕陽西下 → 下里巴人 → 人老珠黃 → 黃道吉日 → 日上三竿。

二、閱讀素養混合題

1 （C）【詳解】（C）「西風」的涼意才能帶來觸覺摹寫的聯想。

2 參考答案：（自由發揮）

3 參考答案：

（1）我認為馬致遠的〈天淨沙〉比較好，因為整個作品風格一致，整首詩像是用風景代言自己的心情，情感比較濃烈。相對的，白樸的〈天淨沙〉中間突然跳脫，心情轉變的太快，有點突兀。

（2）我認為白樸的〈天淨沙〉比較好，因為他突破了「悲秋」的傳統，寫出創意，用場景的轉變表現心境的轉念，以樂觀的心態看悲涼的景象，很有智慧。

MEMO

銜冤負屈

一、主題動動腦——「銜」什麼？「負」什麼？

以下的空格把「銜冤負屈」這個成語藏在裡面，請由左而右，由上而下，填出正確的成語來：

○					
草					
銜	○	負	○		
○		○		病	
		○	君	○	○
		罪		膏	
				○	

二、閱讀素養混合題

請針對文本的內容，回答以下的問題：

1 【擷取訊息】以下是擷取自某個網站上，莎士比亞的簡介，請比對本文對於關漢卿的敘述，你認為關漢卿被稱為「東方的莎士比亞」，可能是因為他們之間有哪些共同點？

> 莎士比亞，英國的一名演員、劇作家和劇團經理。作品以其深刻的人物刻劃、精湛的語言運用和豐富的主題內容而著稱。他的劇本涵蓋了愛情、權力、背叛、家庭等各種主題，並通過生動的對話和情節展開展現出人性的複雜性。透過富有戲劇性的語言，貼近文字中的悲歡世界，一字一句觸動讀者心弦，投射情感，跟著主角的情緒而起伏。
>
> 莎士比亞的作品還常常融入詩歌元素，他的詩歌風格優美動人，充滿了抒情和哲理性。通過對人性的深刻描繪和對社會議題的探討，深深觸動了觀眾的心靈，並留下了不可磨滅的文學價值。

❷ （ ）【統整解釋】文章中引用關漢卿〈一枝花．不伏老〉的散曲作品，請問依照關漢卿的自述，下列哪個成語最符合他所呈現的人格特色？

（A）玩世不恭 （B）豪情萬丈

（C）多才多藝 （D）九死不悔

❸ 【省思評鑑】如果坐在你隔壁的同學，在學校霸凌別人，被害者受傷昏迷，但是加害者卻嫁禍到你身上，知情的同學害怕加害者，沒有人敢幫你說話，師長處理這件事的時候，只聽加害者的一面之詞，不聽你解釋，還體罰你，要你認錯，並且在「自願退學書」上簽名，但你們家無權無勢，爸媽求情都沒有用，請問這時，你的感受是什麼？

解答

一、主題動動腦

結					
草					
銜	冤	負	屈		
環		荊		病	
		請	君	入	甕
		罪		膏	
				肓ㄏㄨㄤ	

二、閱讀素養混合題

1 參考答案：

（1）他們都能自己編劇、自己演出。

（2）他們的劇作中都含有詩歌（韻文）元素。

（3）他們的劇作都題材廣泛、人物刻劃生動、語言運用精湛。

（4）他們的作品都刻劃人性，並觸及社會問題，所以特別能觸動人心，引發共鳴。

❷ （A）【詳解】（A）以不莊重、不嚴謹的生活態度待人處世（B）形容氣魄豪邁雄偉（C）他在文章提到會做的事，都是屬於吃喝玩樂方面不正經的事，並不是要表現他有多方面的才藝（D）雖歷經多次極大的危險，也不後悔。比喻意志堅定，絕不動搖退縮。

❸ 參考答案：

（1）我會跟竇娥一樣覺得非常冤枉，不知所措，但是恨不得所有害我的人、幫凶都惡有惡報。

（2）我會極力反抗，並且否認到底，不是我做的事，不是我犯的錯，我一點都不想要承認。而且我會想盡辦法找出證據，或是找人證證明我的清白。

望穿秋水

一、主題動動腦——「望穿秋水」，等你回來

崔鶯鶯「望穿秋水」，等著張君瑞考取功名回來，可惜山高水遠，處處是障礙，只有將正確的成語連線，才能找到回家的路。請幫張君瑞找到正確的路線，讓他趕快回來找崔鶯鶯吧！

望	山	投	回	岸
穿	河	人	頭	山
秋	水	出	地	九
湖	落	石	久	牛
不	時	務	仰	天
急	運	當	大	長

二、閱讀素養混合題

請針對文本的內容，回答以下的問題：

1 （　）【擷取訊息】比較《鶯鶯傳》和《西廂記》的異同，請問下列敘述何者正確？

（A）《鶯鶯傳》是以韻文寫成的雜劇，《西廂記》是小說

（B）《鶯鶯傳》是團圓結局，而《西廂記》的結局是悲劇

（C）《鶯鶯傳》來自作者親身經歷，而《西廂記》並不是

（D）《鶯鶯傳》的情節設計比較細緻，故列為才子書之一

2 （　）【統整解釋】爸爸出差去，打電話回家報平安，家裡每個人都在說自己有多期望爸爸趕快回來，但是有人用錯成語、說錯話了，請問是誰？

（A）媽媽：我每天望穿秋水，就是等著你回來

（B）大寶：你不懂我天天引頸翹望，望你早歸

（C）二寶：我望眼欲穿，等不到你回來好傷心

（D）小寶：我從早到晚心如止水，希望你回來

3 【省思評鑑】作家李小薇想要寫一本為青少年介紹中國經典作品的書，「六大才子書」、「四大奇書」應該是文學史上不得不提到的作品，可是俗話說：「少不讀《水滸》，老不讀《三國》，男不讀《紅樓》，女不讀《西廂》。」意思是這些作品都有些具有爭議的地方，讀了很可能讓人學壞。請問你認為作家李小薇該不該介紹這些作品呢？為什麼？

解答

一、主題動動腦

【參考答案】

望	山	投	回	岸
穿	河	人	頭	山
秋	水	出	地	九
湖	落	石	久	牛
不	時	務	仰	天
急	運	當	大	長

二、閱讀素養混合題

❶ （C）【詳解】（A）兩者相反（B）兩者相反（D）《西廂記》的情節設計比較細緻，故列為才子書之一。

❷ （D）【詳解】（D）指心裡平靜得像不動的水一樣。形容堅持信念，不受外界影響。

3 參考答案：

(1) 我認為應該介紹，畢竟這些作品都是經典之作，也具有承先啟後的關鍵地位，但是介紹的時候可以避開有爭議之處，並且正確引導。現代的青少年並不是完全沒有獨立思考的判斷能力，不會因為書裡介紹就學壞。

(2) 我認為可以不用介紹，中國史上有眾多經典作品，不妨避開有爭議的作品，選擇更適合現代青少年的經典來介紹，等青少年成年之後，有興趣、有能力再自行閱讀，比較妥當。

MEMO

國家圖書館出版品預行編目（CIP）資料

薇薇老師國學課：詩人天團，成語直播 / 李薇薇著 .
-- 初版 . -- 臺北市：五南圖書出版股份有限公司，
2025.04
面；　公分
ISBN 978-626-423-258-6(平裝)

1.CST：國文科　2.CST：中小學教育

523.311　　114002298

YX69

薇薇老師國學課：詩人天團，成語直播

作　　者－李薇薇
編輯主編－黃文瓊
責任編輯－吳雨潔
封面設計－姚孝慈
內文排版－張巧儒
出 版 者－五南圖書出版股份有限公司
發 行 人－楊榮川
總 經 理－楊士清
總 編 輯－楊秀麗
地　　址：106 臺北市大安區和平東路二段 339 號 4 樓
電　　話：（02）2705-5066　　傳　　真：（02）2706-6100
網　　址：https://www.wunan.com.tw
電子郵件：wunan@wunan.com.tw
劃撥帳號：01068953
戶　　名：五南圖書出版股份有限公司
法律顧問　林勝安律師
出版日期　2025 年 4 月初版一刷
定　　價　新臺幣 400 元

※版權所有．欲利用本書內容，必須徵求本公司同意※

五南
WU-NAN

全新官方臉書

五南讀書趣

WUNAN
Books
since1966

Facebook 按讚

1 秒變文青

五南讀書趣 Wunan Books

★ 專業實用有趣
★ 搶先書籍開箱
★ 獨家優惠好康

不定期舉辦抽獎
贈書活動喔！！！

經典永恆・名著常在

五十週年的獻禮——經典名著文庫

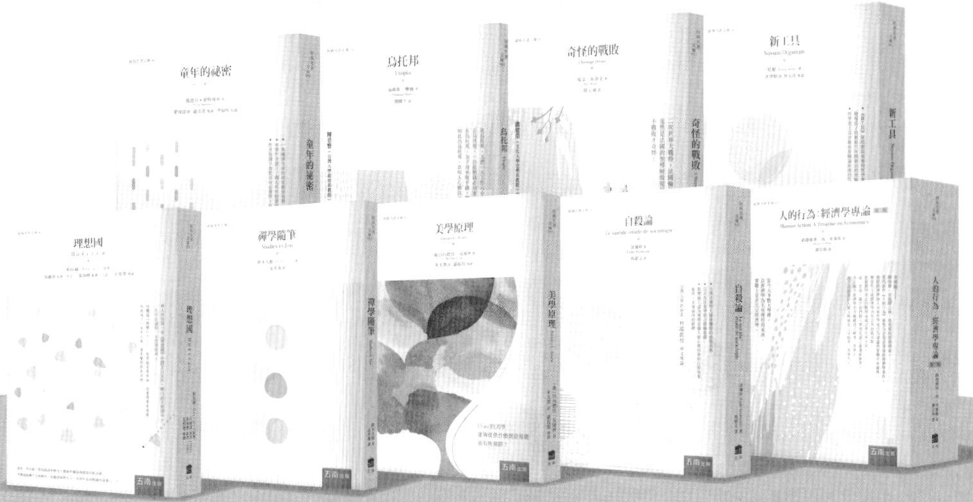

五南，五十年了，半個世紀，人生旅程的一大半，走過來了。
思索著，邁向百年的未來歷程，能為知識界、文化學術界作些什麼？
在速食文化的生態下，有什麼值得讓人雋永品味的？

歷代經典・當今名著，經過時間的洗禮，千錘百鍊，流傳至今，光芒耀人；
不僅使我們能領悟前人的智慧，同時也增深加廣我們思考的深度與視野。
我們決心投入巨資，有計畫的系統梳選，成立「經典名著文庫」，
希望收入古今中外思想性的、充滿睿智與獨見的經典、名著。
這是一項理想性的、永續性的巨大出版工程。
不在意讀者的眾寡，只考慮它的學術價值，力求完整展現先哲思想的軌跡；
為知識界開啟一片智慧之窗，營造一座百花綻放的世界文明公園，
任君遨遊、取菁吸蜜、嘉惠學子！